SHODENSHA SHINSHO

韓国は、いつから卑《いや》しい国になったのか

豊田有恒

祥伝社新書

まえがき

昔は良かった式の老人の繰《く》り言《こと》と誤解されることを覚悟の上で、1970年代の韓国について書き記したいと思う。当時の韓国は、まだ貧しかった。のちに「漢江《ハンガン》の奇跡」と呼ばれる高度成長の端緒《たんちょ》についたばかりで、日本との経済格差は、きわめて大きかった。造船、製鉄、家電、自動車など、多くの産業分野において、日本は、かつて日本と併合していた隣国に対して、愛情に近い親近感のもとで惜《お》しみない援助を与えた。当時の韓国人は、いまだ朝鮮戦争（韓国動乱《ハングクトンナン》）の痛手から回復していなかったが、日本からの援助を有効に活用し、国土の再建に利《り》する気概があった。日本統治時代を経験している創業者の多くが、かつて祖国であった日本の援助、支援、協力を多として、感謝したものである。

当時の韓国は、いまだ軍事的には優位にあった北韓《プッカン》（北朝鮮）の再侵攻に備えて、〈半面建設《パンミヨンコンソル》、半面対決《パンミヨンテーギヨル》〉のスローガンのもと、経済建設を進めていたのである。当時も、反日というスローガンがあることはあったものの、露骨に突きつけられることはなかった。また、日帝時代《イルジエシデー》などという単語は、一度も耳にしたことがなかった。

むしろ、私より年配の韓国人は、植民地時代《シンミンチシデー》ということすら稀《まれ》で、ふつう日本統治時代《イルボントンチシデー》と呼んでいて、めったにやってこない日本人を懐かしがり、とりわけ親切にしてくれたものである。特に古代史の取材などで訪れた地方では、宴席に招き入れられたり、バス乗り場まで案内してもらったり、多くの韓国人から好意をいただくことになった。

誤解を恐れず、あえて言わせてもらえば、当時の韓国人には、戦前の日本人が持っていた良い意味での美徳が備わっていたのである。しかし、こうした世代の方々が、現役を退《しりぞ》いたり、物故されたりするうちに、韓国は変貌していったのである。

この本を、今や反日モンスターと化した韓国がかつて美しかった時代の回顧録として、読者にお届けしたい。

２０１７年３月

豊田有恒《とよたありつね》

目次

まえがき　3

序章　常軌を逸《いっ》した反日

前向きの反日、後ろ向きの反日　11
反日の性質が変わってきた　13
異民族統治が朝鮮半島の常態　15
細部はそっくりだが、あたかも左右が反対なのだ　18
〈コリアン・ホスピタリティ〉があった頃　22
韓国が漢字の国だという誤解　25

第一章　なぜSF作家が、韓国にはまったのか？

私はこうして韓国病に罹《かか》った　30
韓国の遺跡を訪ねて覚えた衝撃　34

第二章　東アジアの古代文化を考える

韓国に思いを馳《は》せるようになった、私の原点　42
『日本の中の朝鮮文化』と『広開土王陵碑の研究』　45
「東アジアの古代文化を考える会」で学んだこと　49

第三章　韓国語は、英語の三分の一の手間で巧《うま》くなる

そして、韓国語を学び始めた　56
北朝鮮は、どれほど怖れられていたか？　58
北朝鮮が双眼鏡で見える江華島に渡って　62
紛争最前線に立ってわかった緊張感　66

第四章　北朝鮮は地上の楽園？

先に切ってしまった、反日という最後の切り札　72
１９７０年代の韓国　74
日韓基本条約を間に挟んで　77

朝日新聞「北朝鮮みたまま」に書かれていたこと 80
記事と事実は、まったく違っていた！ 82
つまりは、北のプロパガンダでしかなかった 85

第五章 野性号——日韓共同プロジェクト

サイゴン陥落時に北朝鮮が南進していたら 90
『野性号』に乗り組むことに…… 94
航海して初めてわかったことがある 97
日本初の実験考古学の試みは、成功裡《り》に終わった 100

第六章 韓国に対して、いちいち反論すべきだ

日本の産業遺産登録に横槍を入れてきた 108
百済救援のために出兵した事実を忘れるな 111
失敗に終わった、百済再興の戦い 114
何万の日本人が死んでも、感謝はなかった 116

第七章　韓《ハン》流スター探し

面白い体験ができた、自由だった頃の韓国　122
北の工作員侵入に対抗して行動する庶民　125
日本人は皆、あの大新聞に洗脳されていた　128
北寄りになっていった韓国の学生運動　130

第八章　韓国家族旅行

顰蹙《ひんしゅく》を買っていた妓生《キーセン》観光の時代　136
〈チョッパリ〉と〈倭奴《ウエノム》〉　138
免税店の小母《おば》さんの思い出　140
家庭の中には男尊女子の名残りがあった　143
海水浴で知った――子供たちには国境はない　149
併合時代にも厳然としてあった秩序や連帯感　154
独裁国家と対峙している海水浴場の緊張感　159

第九章　本当の韓国を知らせたい
叩かれる韓国と、美化される北朝鮮　164
韓国車について調べ始めた　166
印象に残った車、現代ポニー　169
自動車輸出大国になるとの予測が的中した　172
第十章　『韓国の挑戦』を執筆
キムチにはまったわが家　176
私が韓国に対してお返しできたことの一つ　178
韓国についての本を書くことができた　181
反響を呼んだ『韓国の挑戦』　184
第十一章　韓国に、どう向き合うべきか
こういう対応は誤りである　192
事実を突きつけるしか解決の道はない　195

韓国人の「三大ノー」 197
かつてはいた〈すばらしい人《アルンダウン・サラム》〉 200
あの大新聞の購読をついにやめた 203
反日中毒に陥っているのではないだろうか 207

序章　常軌を逸《いっ》した反日

前向きの反日、後ろ向きの反日

韓国の反日が、常軌を逸《いっ》したものになっている。かつて、韓国の反日は、日本に併合されたという史実を無念に思う心理からくる反応だったから、そうなった責任が韓国側にもあるという自戒《じかい》の思いも、そこには込められていた。これまでの反日が先鋭化するケースとしては、国民の下からの突き上げによって、政府が重い腰を上げて対日要求を増大させたりする場合が多かったのだ。

また、私が、韓国へ通いはじめたころ、1970年代の初頭には、反日は一種の努力目標でもあった。つまり、日本に併合されたという屈辱の歴史をバネに、日本に迫るような経済成長を遂《と》げようという意気込みの背景そのものが、反日ですらあったのだ。

妙な言い方になるが、それは前向きの反日だった。当時、知り合った韓国人から、あと十五年で日本を追い越してみせるなどと、愛国心を剥《む》き出しにした言葉を耳にして、呆気《あっけ》にとられた記憶がある。

当時、日本と韓国の経済格差は大きく、とても十五年やそこらで追いつけるはずもなかったが、そうした日本への対抗意識を奮い立たせることによって、自らを鼓舞していたにちがいない。

実際、このころの韓国は、〈漢江《ハンガン》の奇跡〉と呼ばれる高度成長を実現して見せたが、その背景には、この前向きな反日精神が、大きく作用していたはずだ。

また、当時は、日本統治時代を経験している世代が存命だったから、現在のような根拠のない対日憎悪のような言動には出会ったことがない。まだ、日本からの観光客がそれほど多くない時代だったが、日本統治時代を経験している韓国人は、こちらを日本人と見て、むしろ懐《なつ》かしんでくれたものだ。

韓国インスタントラーメンの祖と言われる三養食品の全《チヨン》 仲《チユン》 潤《ニユン》氏は、日本の明《みよう》 星《じよう》食品の奥井清澄《おくいきよすみ》会長から、インスタントラーメンの製造技術を、無償で提供されたことを、終生感謝しつづけたそうである。しかし、その後の反日のバーチャル化、過激化の風潮とともに、全会長の遺訓《いくん》は守られなくなり、恩知らずにも、何もかも三養食品が開発したかのような社史の捏造《ねつぞう》が行なわれるようになってしまったという。

反日の性質が変わってきた

当時、韓国人の反日を、アンチ巨人ファンの心理になぞらえる解釈が、私には面白かった記憶がある。アンチ巨人ファンは、裏返して言えば、実は巨人が好きなのだという。事実、１９７０～80年代には、韓国人から思いがけず日本への好意を示され、かえって戸惑《とまど》った経験が何度かある。

しかし、このところの反日は、性質が異なる。政府が主導して、率先して反日をエスカレートさせているのだ。今までの歴代の韓国政権は、発足当時は、未来志向の韓日関係を目指すなどと、いわば前向きの政策を打ち出すのだが、政権末期になりレイムダック化してくると、切り札の反日カードを切る。そうすれば、一時的にしろ、国民の支持を回復できると知っているからだ。

けれども朴槿恵《パククネ》大統領は、政権発足のときから、口を開けばナントカの一つ覚えのように、従軍慰安婦を連呼するばかりだった。日韓のあいだには、北朝鮮への対処、経済関係の強化、文化交流の増進など、多くの前向きな課題があるはずなのに、こうした重要事項にはいっさい興味を示そうとせず、いわば最後の切り札の反日カードを、最初に切ってしまったのだ。ここまで異様な反日政権は、かつて存在したことがなかった。もしかしたら、朴女史が帰依《きえ》していたとされる女占い師の助言のせいかもしれない。

さらに悪いことに、日本に迫って、従軍慰安婦問題の最終合意なるものを取り付けたものだから、最初の極端な反日政策と整合性が付かなくなり、かえって国民の反発を買ってしまった。今になって、窮地に追い込まれたかたちだが、支持を挽回するための反日という切り札は、最初に使ってしまったから、もう役に立たない。

現在の韓国人は、日本統治時代を知っている人々が、物故したり現役を退《しりぞ》いたりしたため、実際の日本人および日本統治の実情を、まったく知らない。あるいは、反日教育によって知らされていない。ここに問題の根がある。いわば観念のなかの仮想の日本に対して、敵意を剝《む》き出しにしている状態なのだ。四十数年にわたって、韓国と関わってきた私のような人間から見ると、現在の反日は、危険な域に達している。

異民族統治が朝鮮半島の常態

日本統治時代ばかりが槍玉に挙げられるのだが、異民族に統治されることは、この民族にとっては、歴史の常態とでも呼ぶべきことで、別段珍しいことではなかった。中国歴代王朝、そして中国を支配した蒙古人、満州人などの建てた元《げん》、清《しん》などの歴代王朝にも、臣従《しんじゅう》を誓い、冊封《さくほう》（皇帝の命令書）を受けていた。進献色《しんけんしょく》という制度が行なわれたが、これは美女を献上して過酷な統治を免《まぬが》れようとするものだった。

こうした屈辱の歴史への反動は、日本に対する反発ばかりでなく、現在の韓国における華僑追放の暴挙にもつながった。1970年代から、独立と経済建設によって実力をつけてきた韓国人は、在留中国系の人々への憎悪と差別を剝き出しにしたため、多くの中国系の人々が、韓国を去った。

仁川《インチョン》市内にあった中華街は、いつしか消滅した。かつては中華王朝に対して卑屈なまでに臣従した反動からか、中華思想に対する事大《じだい》主義が崩れると、彼らは手の平を返したような極端な行動に出るのである。しかも、中国が改革開放の成果として、世界第二の経済大国に躍《おど》り出ると、またもや手の平を返したように媚《こ》びを売りはじめる。

中国の巨大な王朝の周辺国は、朝鮮ばかりでなく、ベトナムなども中国の支配に組み込まれて、冊封を受けることによって半属国の状態に置かれていた。これを事大主義と言う。大《だい》なるものに事《つか》えることである。いちおう、自治だけは認められていたが、軍事、外交などの国権は、中国王朝に委《ゆだ》ねられていた。また、王の即位は、中国王朝の裁可を受けないと認められなかった。

征服の過程では、多くの犠牲が出た。高麗《こうらい》朝のころ、蒙古人が建てた元の侵略を受けた際には、宰相崔瑀《チエウ》の進言によって、王家と重臣は、江華島《カンファド》へ逃げこんでしまう。今でこそ本土と橋でつながっている島だが、当時、草原の民である蒙古人は、狭い海峡を渡れなかった。王家と重臣は安全を確保したものの、朝鮮本土は無政府状態だから蒙古人の蹂躙《じゅうりん》するところとなり、人家が捜索され美女が略奪され、さらに多くの死者を出す悲惨な結果になる。

蒙古人の場合は、尚武《しょうぶ》の気質の騎馬民族だったから、軍事力が乏《とぼ》しいため屈服した高麗を、はなはだしく蔑視《べっし》することになる。全土を押さえられ、島への補給を断《た》たれ、やむなく降伏した高麗の王は、蒙古の上都《シャント》へ参内《さんだい》させられ、蒙古風の名前、辮《べん》髪《ぱつ》、衣服を強制されて蒙古の皇女と政略結婚させられる。

さらに、元寇のときは、対日戦の準備に、兵員、船舶、食糧、武器などの調達を命じられ、高麗は未曾有の苦境に追いやられる。蒙古の猛威に抗《こう》しきれず降伏した高麗の武将洪福源《ホンポグオン》、洪茶丘《ホンタグー》の父子は、蒙古の力を後ろ盾にして、当の蒙古人以上に、同胞に辛《つら》く当たる。こうした際、民族の裏切者が登場して、同胞を痛めつけるのが韓国史の特徴ともなっている。

こうした歴史と比べれば、日本統治は、相当に緩《ゆる》やかなものだった。また、日本は大韓帝国を併合したのであって、植民地として経営したわけではなかったから統治システムは過酷なものではなく、本土とは多少の差異があったものの、日本国民として権利を保障されていた。

けれども日本人は、こうしたことを主張してこなかった。恩着せがましく言うことを嫌う国民性だから、あえて言わなかったのだろうが、韓国人は、こちらから言挙《ことあ》げしないと理解してくれない。

朝鮮半島の近代化の助けになった事実は、グレゴリー・ヘンダーソンなど多くの欧米歴史家が認めているのだから、こちらから折に触れて言い立てるべきだろう。逆説めくが、そうしないかぎり日韓友好は永遠に実現しない。

細部はそっくりだが、あたかも左右が反対なのだ

私が、はじめて韓国を訪れたのは、1972年のことだった。当時は、朴正熙《パクチヨンヒ》政権の時代だったから、現在の朴槿恵大統領の父親が、いわば究極の独裁国家である北朝鮮と対峙して、難局に当たっていた。

当時、日本での報道と異《こと》なる生身の韓国人に接し、興味をそそられたのも事実である。小説家の好奇心から、取材目的の古代遺跡ばかりでなく、韓国人そのものにも大いに興味をそそられた。なぜなら、韓国人は日本でふつう言われるような険《けわ》しいイメージではなく、個人的には陽気で親切で、お喋りで活気に満ちた人々だったからだ。

第一回目の訪韓では、まだ韓国語が判《わか》らなかったが、どこへ行っても日本語世代が健在だったから、あまり言葉に困ることもなかった。どうしても判らないときは、若い人を見つけて英語で尋ねれば用が足りた。

英語と片言の韓国語で旅する若者は、日本人には見えなかったらしい。フィリピン人かと尋ねられたこともある。

だいたい遺跡などというものは、辺鄙《へんぴ》な場所にある。舗装してないポプラ並木や、狭い田畑が連なる風景は、日本の原風景とも言え、そぞろ懐かしさを感じさせた。そのころの韓国はまだ貧しかったが、人々の顔は明るかった。こんなことを書くと、毛《もう》沢東《たくとう》時代の中国報道のように、「中国人民の顔は、貧しいが希望に輝いていた」などという記事に似てくるが、実際、そう感じたものだ。

のちほど、詳しく触れるつもりだが、当時の日本では、あの大新聞が音頭を取って北朝鮮を賛美し、韓国を〈暗く抑圧された独裁国〉と規定し、一方的に貶《おとし》めていたのである。ただ、そのときの私には、まだ、日本での報道に異《い》を唱えるほど、韓国についての問題意識は充分になかった。

それでも、漠然とながら韓国への興味は広がっていった。

まず顔つきが似ている。第一回目から、韓国語が判りもしないのに、ソウルで映画館へ飛びこんだことがある。日本時代のストーリーだったが、そこに登場する朝鮮人の主役男女が、日本人に見えるのである。悪役の日本兵役の俳優は、一重まぶたで頬《ほお》骨《ぼね》が突き出た細面《ほそおもて》で凶悪そうな顔なのだが、みんな朝鮮人に見えるのである。朝鮮人役の俳優が日本人に見え、日本人役の俳優が朝鮮人に見える。どちらも韓国人の俳優が演じているわけだから、もちろん錯覚なのだが、これは最初のカルチャーショックのひとつになった。

つまり、日韓双方とも感じの良い顔、感じの悪い顔とがあり、良いほうを自国民に、悪いほうを相手国民に、見立てているからなのだろう。つまり、筆者も、刷《す》り込みのような偏見を抱いていたということなのだ。

日韓の人々の容貌は良く似ている。しかし、それぞれ典型的なタイプはあるようだ。また、多いタイプのパーセンテージは、異なるだろう。ひところ流行《はや》った表現でいえば、キツネ顔、タヌキ顔ということになるが、韓国は圧倒的にキツネ顔が多いように感じる。しかし、韓流《ハン》ドラマの主役級は、『冬のソナタ』のヒロインのチェ・ジウ（崔志宇）に代表されるように、どういうわけか丸顔、つまりタヌキ顔が多い気がする。独断と偏見だが、丸顔に希少価値があるせいではないだろうか。

日韓は、よく似ていると言われる、たしかに、似ていることは似ているのだが、細部が似ているのであって、基本的なことが正反対になっていると思うと、ちょうどい い。日韓は鏡に映《うつ》った像だと考えれば、当たらずとも遠からずだ。つまり、細部はそっくりだが、左右が反対になっているのだ。

こうした、似ているようで似ていない、似ていないようで似ている韓国が、だんだん判ってくると、比較文化論的な興味が育ってくる。東京都渋谷区・笹塚《ささづか》の小さな韓国語教室で、いっしょに勉強のスタートを切った元産経新聞ソウル支局長の黒田勝弘《くろだかつひろ》さんの表現を借りれば、韓国病の始まりである。自分でも、よもや、ここまで重症になるとは考えてもいなかった。

〈コリアン・ホスピタリティ〉があった頃

あれから半世紀近くになる。折に触れて、小説は別にしてノンフィクションでは十冊ほど韓国本を書いてきたが、それぞれの時点で韓国を批判しようと思うとき、日本を批判しようと思うときなど、確かにその時々で温度差が出るものの、基本的な姿勢はぶれていないつもりである。しかし、世間の見る目はおかしなもので、親韓派に分類されたり、嫌韓派に分類されたりするし、酷《ひど》いときはヘイトスピーチの元凶扱いをされたりする。忙しい話だ。

つい最近も、私の近著にヘイトスピーチというレッテルを張ろうとした左翼御用弁護士は、ネット人士から、実際に拙著を読んでいないことを自白したようなものだと、叩かれていた。この御用弁護士が、私と同じように自分の時間を投入し、韓国を知ろうと努力し、日韓両国のために何かをしたことがあるとは、とうてい思えない。あの大新聞は、その巨大な権力を行使して、韓国批判の言論すべてをヘイトスピーチという烙印を押して、葬《ほうむ》り去ろうという新しい挙《きょ》に出たのだろうか？

あの大新聞は、かつて日本の言論を支配していた時代の法悦感を、忘れられないらしい。なにしろ、日本の名誉を全世界にわたって、泥にまみれさせたほどの巨大な権力が、この国では今も温存されている。社長が辞任したりして、いちおう謹慎するポーズを示しているものの、いつまた、次の新たな反日の争点を見つけ、あの巨悪が巻き返しに出てこないとも限らない。恐ろしい話だ。この点に関しては、のちに一章を設けて、あの大新聞の当時の報道を、あらためて検証してみようと思う。

話が先走ってしまった。韓国にはまりはじめたころのエピソードを続けよう。

あちこちで、韓国人には親切にしてもらった。日本人と見ると、懐かしんでくれる人も少なくなかった。山の中で、毛氈《もうせん》を敷いて、持参した食事や酒で、おそらく村人同士なのだろう、大勢で野外宴会をやっているところを、たまたま通りがかったことがある。宴会の輪のなかに誘いこまれ、酒や料理を振る舞ってもらうという貴重な体験もした。なんだか、鬼が酒宴を催《もよお》しているところへ、行きあわせたこぶとり爺さんの心境だった。

これが、噂の〈コリアン・ホスピタリティ〉というものかと、実感したものである。民俗学で言う〈客人歓待《まれびとかんたい》〉というモチーフが、当時の韓国にはそっくり生きていたのだ。

舗装道路に刈《か》り取った稲の把《たば》を敷きつめて、通りかかる車にひいてもらい、脱穀する習慣があちこちに残っていた。取材のタクシーを貸切にして田舎道を走っていると、下校する子供たちが手を振ってくれる。癒《いや》されるような体験だった。

慶州《キョンジュ》も、まだそれほど観光地化されていなかった。日本人の観光客が、わずかに訪れるくらいのもので、観光ずれしていない土産物屋さんや食堂などでは、年配の店員が、みな日本人を懐かしがってくれる。食堂では、マツタケ鍋が信じられないくらい安い料金で、腹いっぱい食べられた。

当時も、現在ほど激しくないが、韓国人の反日は日本人にも知られていた。たとえば、どこかの寺や名勝地へ行ったとき、現地の韓国人から加藤清正《カドンチヨンジヨン》が焼いた、などと難詰されるというエピソードはエッセイなどで目にしていたが、私は体験したことがない。もしかしたら、運が良かったせいかもしれないが、今も、あの話は誇張した俗説だと思っている。

激しやすい国民性だから、その話題になれば、加藤清正にまつわる反日話も、出てくることがある。歴史感覚には、執着する韓国人である。今から四百年以上も昔の話だが、豊臣秀吉の朝鮮征伐の記憶は、未だに彼らに残っているのだ。

韓国が漢字の国だという誤解

今、朝鮮征伐と書いた。これまで、多くのマスコミで、「朝鮮侵略」としてくれと、ダメ出しされた用語である。「侵略」と現代的に書いてしまうと、史実を誤る恐れがある。秀吉は、四国征伐、九州征伐の延長線上に、朝鮮征伐を行なったのである。「征伐」は、罪のない相手を武力で討伐することで、差別用語として不穏当だというわけだが、それでは、四国や九州の人は、征伐してもかまわないのか、という話になる。

そもそも、秀吉の世界観のなかには、中国は外国として認識されていて、〈唐入《からい》り〉を最終目的としてはいたが、朝鮮を外国とは考えていなかったようだから、侵略と呼んでしまうと史実を誤ることになる。この征伐の例でも判るように、総じて日本人は、こと韓国相手となると、相手の気持ちを傷つけないようにと、妙な配慮過剰になりがちであり、しかも、それが逆効果になるとは考えていない。

　さて、加藤清正《カドンチヨンジヨン》だが、秀吉の朝鮮征伐における最大の悪役扱いになっている。釜山の近くの農村で、村人あげての民謡踊りを見物したことがある。銅鑼《ケンガリ》や長鼓《チャング》をけたたましく鳴らしながら、行列を作り踊り歩く。〈ケジナ・チンジンナーレ〉という、意味不明の囃子《はやし》言葉が、そのまま踊りの名となっている。案内してくれた郷土史家が、説明してくれた。囃子言葉の〈チンジン〉という部分は、清正の韓国読み〈チョンジョン〉が、訛《なま》ったものだという。初めは、清正を呪《のろ》った民謡だったが、いつしか秋の収穫祭に歌われるようになり、もともとの由来が忘れ去られたのだそうだ。

　清正伝説は、他にもある。韓国南部の晋州《チンジュ》は、秀吉の役の攻防戦で有名だが、ここでは清正が死んだことになっている。晋州城が占領されたのち、清正は城の岩上の楼閣で、酒宴を催していた。論介《ノンゲ》という女性が妓生《キーセン》に身を窶《やつ》して、酔ったふりをして清正に抱きつき、楼閣の下を流れる南江《ナムガン》へ、清正もろとも身を投じたというのである。

　もちろん、清正は、晋州で死んだわけではない。論介は、義妓《ウイギ》として称《たた》えられ、晋州城《ソン》の一角に、論介を祭った祠《ほこら》が建てられている。

韓国側は、論介に抱きつかれ、殺された武将を、清正配下の毛野村六助《けやむらろくすけ》と解釈しているが、巷説《こうせつ》の域を出ない。六助は百姓上がりの大男で、力持ちを買われて出世した武将だから、いくら酔っていたからといって、女の力で河へ落とされることはありえないだろう。六助が朝鮮の役で戦死したことは確かだが、日本側には、弁慶《べんけい》の立ち往生のような最期《さいご》が伝えられている。

こういった歴史エピソードが、韓国ではあちこちにあるから、歴史好きには、たまらない魅力がある。本来の小説の取材目的から離れても、あれこれ興味が尽きないのだ。

歩きまわるうちに、私は、ますます韓国にはまっていった。これは、ある程度、韓国語が判るようになってからの話だが、秀吉の役が出たついでに触れておくが、釜山城を訪れた時のことである。釜山の北にあたる東萊《トンネ》は、今は釜山の奥座敷のような温泉場としてよく知られているが、その背後に東萊城という山城があり、秀吉の役の古戦場だった。ここを守っていた宋象賢《ソンサンヒヨン》は、上陸して迫った日本軍から通行の許可を求められた。先方の第一軍、小西行長《こにしゆきなが》の一行は、極力、戦いを避けようとしながら、実は戦闘の最前線に立たざるを得なかった。ここでも、北上するのが作戦目的だから抵抗するなと、言いたかったのである。これに対して、宋象賢は、こう答えたという。

「戦死易假道難《チヨンサイカドーナン》」（戦って死するは易《やす》し、道を假《か》〈貸〉すは難《かた》し）

つまり、死んでも日本軍の通行を許可しないと、宣言したのである。その後、激しい戦闘になり、宋象賢は、文官であるにもかかわらず、城壁に盛装して坐りこみ、日本兵に殺された。

韓国では、忠臣として人気の高い人物だが、ここで私が言いたいのはそのことではない。宋象賢の辞世《じせい》の名文句のところに、ハングルが書いてある。

「たたかってしぬのは《サウオソ・チユッキ・ヌン》、やさしいが《スイヲド》、みちをかすことは《キル・ル・ピルリギ・ヌン》、むずかしい《オリヨプタ》」

漢字の説明を読めば判るはずだが、なぜか、ハングルで翻訳してある。この時、韓国が漢字国だという先入観にとらわれていたことが、実は間違いだと初めて知った。

韓国人の漢字能力は、かつての漢字国の水準から、はるかに劣化しているのだ。

第一章

なぜSF作家が、韓国にはまったのか？

私はこうして韓国病に罹《かか》った

韓国とは、縁もゆかりもなかったSF作家が、なぜ韓国病に罹ったかから始めないと、本書の結論に達することができない。私《わたくし》ごとだが、しばらくおつきあい願いたい。私の場合、いわば終生の盟友となる小松左京など多くのSF作家と同時に、早川書房と東宝映画が主催したSFコンテストに入選したことが、スタートだった。

SF小説の世界でデビューし、そこそこに仕事を続けたものの、SF専門の出版社か、あるいは学習誌の仕事ばかりだった。そんなとき、大手の河出《かわで》書房から、書き下ろしの依頼が来た。

私を担当した名物編集者の龍円正憲氏のもとには、先ごろ亡くなられた渡辺淳一氏が通っておられた。『小説・心臓移植』を書いたことがもとで、札幌を追われるように後にし、上京されたばかりだった。

この龍円氏という男の担当のもと、『倭王の末裔　小説・騎馬民族征服説』と題して、長編小説を上梓することになる。

言うまでもなく、東京大学名誉教授の江上波夫《えがみなみお》先生の〈騎馬民族征服説〉を踏まえた設定である。日本の最初の王朝は、朝鮮半島からやってきた騎馬民族によって開かれたとする説は、戦後の歴史学界に衝撃を与えた。その時は、怖《こわ》いもの知らずで書いてしまったが、もちろん江上先生には断わっていない。のちに拙著を差し上げるのだが、先生は文字通り笑って収めてくださった。

龍円氏は、書いている途中も、なるべくSF色を出すな、などと言う。こちらはもともとSF作家だから内心は不満でしかたがなかったが、ベテラン編集者の助言を無視するわけにもいかない。タイムトラベルSFのはずが、タイムトラベラーらしい人物が、いわば狂言回しとして脇役に徹《てっ》するという構成になってしまった。

ところが、暮れに発売されたとたんに売り切れということになり、新年明けの再版まで待てないという熱心な読者の要望が編集部に届く始末。

とうとうベストセラーになった。SF作家としては、不本意な作品になったと、その時は憤慨《ふんがい》もしていたが、SF色を抑えろという龍円氏のアドバイスが、ヒットに結びついたことは確かだろう。

小説の舞台の半分は朝鮮半島で、そこから邪馬台国に移る。と言っても、当時は金がなかったから韓国取材など夢のまた夢で、もちろん行ったこともない。それどころか、九州ですら一度も行ったことがなく、しかも、古代史、考古学の資料は、市販されている一般向けの歴史書からの孫引きで、『古事記』『日本書紀』、いわゆる記紀など、原本を読んだことさえなかった。

ベストセラーになったため続編を書くよう求められたが、古代史の知識があるわけではないから、そうそう簡単には進まない。当時、日本古代史を扱った小説はほとんど他になかったから、この本は書店では歴史書の棚に並べられていたほどだった。また、書評でも褒《ほ》められることが多かったが、変な批評のされかたもした。「朝鮮側の考古学データが、不足している」などと言われても、それは小説家の分を越えている。

だが、ベストセラーに有頂天《うちょうてん》になったわけではないが、作者自身が妄想に取りつかれた。古代史学界に一石を投じる驚天動地《きょうてんどうち》の新説を吐かないといけないような強迫観念の虜《とりこ》となってしまったのだ。そのため、いくら書いても浅薄な論文のできそこないのような原稿しか書けなくなってしまう。

そもそも、小説というものは、嘘っぱち、出鱈目《でたらめ》、与太、虚構から成り立っている。嘘がつけなくなった小説家は、歌を忘れたカナリアのようなもので、裏の小山にでも捨てるしかないだろう。翌年は、一年間に二百枚しか原稿が書けなかった。

印税も入ったので、専門書を買いこんだりして続編の準備にかかったのだが、いわゆる〈邪馬台国本〉だけでも優《ゆう》に二百冊は読んだものの深みにはまるばかりだった。専門書のほうも、とりあえず記紀からはじめて魏志倭人伝、風土記など読みあさったものの、キリがない。

そのころ、多くの作家が邪馬台国論争に参加していた。松本清張《まつもとせいちょう》氏などは、会合でお目にかかった折に、私もアドバイスを頂戴したことがあるが、推理小説界の大御所という一枚看板を外《はず》されて、専門の学者と同じ土俵で渡りあっておられた。

こっちは、もともとは小説を書いたつもりだったが、こうした現象を脇目に眺めているうちに、才能もないくせに誰も唱えたことのない新説を引っさげて古代史学界に一石を投じようなどという誇大妄想のような野心にとり憑《つ》かれてしまった。星新一《ほししんいち》氏の秀逸なジョークが、当時話題になった。

「邪馬台国は、文壇の法定伝染病に指定すべきだ。ひとりの作家が感染すると、周囲の作家に伝染するからだ」

「魏志東夷伝」のうち、そこに記録される七つの民族のうち、韓伝すら手が回らず、倭人伝しか読んでいないし、『三国史記《サムグクサギ》』『三国遺事《サムグンニュサ》』までは、まだ手をつけかねていたが、邪馬台国への魏《ぎ》の使者が朝鮮半島経由で来たことは確かだから、韓国の遺跡を見てこようと思い立った。続編が書けないスランプを打開する目的でもあった。

韓国の遺跡を訪ねて覚えた衝撃

ご存知のように、邪馬台国の場所に関しては、畿内説、九州説の二説がある。畿内説は大和説に代表されるが、琵琶湖周辺説、大阪説など、いくつか異説がある。また、九州説のほうも、筑紫説、肥後説など、いくつかの異説があり、薩摩説というのもある。とんでもないものでは、ハワイ説、インドネシア説というのすらある。読者のほうも、それぞれ、ご贔屓《ひいき》の説に肩入れする。言ってみれば、巨人ファン、阪神ファンのようなものだろう。

私も、タイムトラベルSFが得意だから、いちおう歴史マニアでもあり、飛鳥《あすか》あたりは歩きまわり、山《やま》の辺《べ》の道を歩いたりしたこともあるが、九州は懐《ふところ》都合もあって、足を運んだことがなかった。そこで、とりあえず筑紫説の本拠（？）と目《もく》される八女《やめ》市から瀬高《せたか》町あたりと、肥後説の菊池《きくち》平野あたりだけは行ってみた。

『倭人伝』では、魏の使者は朝鮮半島経由で来たとあり、そのルートも書いてあるのだが、なにぶんにも編者の陳寿《ちんじゅ》自身が日本へ来たわけではないから、集めた資料のうち不確かな記述がまざり、その所在地が判りにくくなっている。

中国歴代王朝の朝鮮半島への支配は、漢の武帝《ぶてい》が、紀元前108年に衛《えい》氏朝鮮を滅ぼし、楽浪《らくろう》、真番《しんばん》、玄菟《げんと》、臨屯《りんとん》の四郡を置いたことから強化される。四郡とも現在の中国の東北地区（旧満州）から朝鮮半島にかけての一帯だが、郡衙《ぐんが》（郡役所）の位置が判っているのは、楽浪郡だけである。戦前、日本統治時代に調査されたことがあるが、平壌《ピョンヤン》を流れる大同江《テドンガン》の中州綾羅島《ルンラド》（韓国音ではヌンナドとなる）に土城があり、ここだと言われている。ただし、現在は、保存もよくないらしい。北朝鮮のような夜《や》郎自大《ろうじだい》な国に、中国王朝の出先機関があっては沽券《こけん》に関わるから、保護するつもりもないらしい。もちろん、現在の北朝鮮領だから、おいそれと取材に行けるわけもない。

『魏志』によれば、漢の半島支配の出先機関である楽浪郡《ナンナン》の苛斂誅求《かれんちゅうきゅう》があまりにも厳しかったせいか、多くの農民が南に逃亡したため、これらの人々を収容した上で、南のほうに帯方郡《テーバン》を設けたとある。この帯方郡は、北朝鮮の平安道のどこかとも言われるが、ソウル市内にも比定されることがある。

韓国の考古学の本によれば、可楽洞《カラクドン》遺跡という新石器時代《シンソッキシデー》の遺跡がある。韓国の新石器時代は日本の弥生《やよい》時代にあたり、邪馬台国の時代とも合う。この可楽洞遺跡が、帯方郡の郡衙ではないかという説もある。しかし、漢の四郡と異なり、あとで造られた郡だから、それほどの規模ではなかったのだろう。西部劇に出てくる木の柵で囲まれた砦《とりで》のようなものを想像してもらえば、当たらずとも遠からずだろう。

可楽洞へ行ってみたとたんに、仰天した。と言っても、ここには遺跡など、どこにも残っていない。開発によって遺跡が見つかり、緊急調査が行なわれ、めぼしい出土品だけ収集し、保存されることなく破壊される例は、日本でも珍しくない。

驚いたのは、二階建ほどの高さまで積み上げられた白菜の山だった。まるで、立ちはだかる白菜の壁のあいだを歩いているような感じだった。

ここ可楽洞は、なんと青果市場になっていたのである。折しも韓国でキムジャンと呼ばれるキムチの季節で、文字通り白菜の山が築かれていたのだ。この可楽洞市場は、活気に満ちあふれていた。巨大な白菜の山と、せわしそうに小走りする人の群れとに、私は完全に圧倒されてしまったため、もと遺跡のあった場所など、訊《き》き合わせてみる余裕もなかった。

白菜の山は、キムチ用に出荷を待っていたのである。さらに市場の中を進むと、大きな籠《かご》に入ったさまざまな唐辛子の山が、ずらりと並んでいる。取材目的の古代遺跡とは別の韓国が、視野に入ってきた瞬間だった。現在と異なり、当時キムチは、日本ではポピュラーなものではなかった。一部の朝鮮料理屋で提供されていたにすぎない。

私は、テレビ関係者に初めて連れて行かれたのだが、最初からキムチと焼肉が口に合ったわけではなかった。同じ焼肉屋さんでも、朝鮮半島の分断状況を反映しているのだが、もちろん、その時点では、私はその区別も知らなかった。朝鮮料理と名乗るのは北朝鮮系の朝鮮総連の人が経営している店で、韓国料理と称《しょう》するのは韓国系の居留民団の人がやっている店なのだ。

もっとも、最近は、日本人が経営する店も少なくない。1980年代が、いわば端《は》境期《ざかいき》だったのだろう。在日韓国人で言えば、韓国料理で成功した人々の多くが、教育もなく、苦労した上で店を持つようになったというケースがある。そこで、子弟の教育には熱心になるが、当の息子や娘たちは、高等教育を受けると焼肉屋を継いでくれない。医師や弁護士など、知的な職業に就いてしまうため後継者がいなくなり、店が居《い》抜《ぬ》きで日本人に売り渡されたのだそうである。日本人の経営になって味が落ちた、などという話も聞いたことがある。

この時のカルチャーショックが、あとあとまで尾を引くことになり、わが家のキムチとして定着することになる。夫婦ともに純粋の日本人の家庭で、過去四十年以上も毎年キムチを大量に漬けているという家は、まず他にはないだろう。

ともあれ、最初の訪韓で、帯方郡どころか、キムチ用白菜の小山に圧倒され、まったく違う興味が湧《わ》いてきた。

それでも、気を取り直して、韓国古代史の入門コース、新羅《しらぎ》の慶州《キョンジュ》、百済《くだら》の扶《プ》余《ヨ》、公州《コンジュ》へは行ってみた。慶州では、貸切にしたタクシーの運転手さんのことで、面白い体験をした。当時の私より、三、四歳ほど年長の人だった。流暢《りゅうちょう》な日本語を話すのだが、まったく敬語を使わない。いわゆるタメ口で話すのである。確か、何かを頼んだときのことだ。運転手さんは、こう言う。

「ちょっと、待っててくれよな。おれ、訊いてきてやっからな」

最初は変に感じていたのだが、やがて理由が判った。その人は、たぶん、小学校（当時は国民学校）三、四年生で終戦を迎えた。それ以後、日本語を使っていなかったのだが、観光客を相手に日本語の必要が生じた。そこで、話してみることにした。つまり、その中年の運転手さんの日本語は、小学校三、四年のまま止まっていたわけだ。

第二章　東アジアの古代文化を考える

韓国に思いを馳《は》せるようになった、私の原点

韓国から戻るなり、感じるところがあった。われわれの世代は、戦後教育を受けているから、欧米の事情についてはある程度は学ぶのだが、すぐ近くのアジアについては、ほとんど教えられていない。

私が処女長編小説を書いたのは、今からちょうど五十年前の『モンゴルの残光』（一九六七年刊）というタイムトラベルSFなのだが、ここでは、成吉思汗《ジンギスカン》紀元八〇〇年代というパラレルワールドが描かれる。この架空の歴史においては、全世界がモンゴル人を筆頭とするアジア人に征服されている。最下層民族とされる白人のシグルト・ラルセンは、漢人の恋人芳麗《ファンリー》を殺害し、倭人左門に助けられ、白人《パイレン》の抵抗組織黒耶蘇《くろやそ》に加わる。黒耶蘇は、キリスト教を信じる白人の地下組織で、刻駕《こくが》（タイムマシン）を奪って過去に戻り、黄人《ファンレン》優位の歴史を改変しようとする。このパラレルワールドでは、モンゴル帝国の元王朝が、七代目の武宗海山《ハイシャン》、八代目の仁宗愛育黎抜《アイユルハリバ》刀達《トラ》の時代に、同族の国家であるチャガタイ汗国《カン》（シルクロード方面）、イル汗国（ペルシャ方面）、キプチャク汗国（ロシア方面）を再統合してからヨーロッパに攻め込

み、イギリスを除く地域を占領し、東方では倭国を征服してしまうことになっている。倭国で迫害されていた仏教徒の一団は、〈皐月《さつき》の薫花《くんか》〉丸（メイフラワー号のパロディー）に乗って、大平洋を航海し大陸（アメリカ）に到着し、最初の植民地を築く。つまり、われわれの歴史と異なり、イギリスと日本の役割が逆転していて、アメリカ大陸は日本人の仏教徒によって西海岸の十三省から開拓されていくことになるわけだ。主人公シグルト・ラルセンは、元王朝に潜入して歴史を変えることになる。

主人公が、関わりを持つモンゴル皇帝のうち、仁宗は、漢文化を理解し科挙を復活して、漢人を登用した中興の英主として知られるが、高麗人の愛妃を皇后に擁立しようとして、守旧的なモンゴル重臣たちに反対される。私は、高麗史を調べて、初めて朝鮮への興味関心を持つにいたった。

くどくどと拙作について述べたのは、私が韓国へ思い入れを募《つの》らせた原点について説明しようと思ったからだ。自分で言うのも変だが、筆者の出世作となった『モンゴルの残光』を書くに当たって、ヒントとなった名著がある。梅棹忠夫《うめさおただお》先生の『文明の生態史観』である。梅棹先生には小松左京の紹介で後にお会いする機会があり、蒙《もう》を啓《ひら》いていただいたばかりでなく、あれこれ眼をかけていただいた。先生が文化勲章を受章された記念パーティーにも、お招きを受けた。学外の弟子と見做《みな》していただけたのだろう。

しかし、梅棹先生は夢にも考えられなかっただろうが、このあたりを勝手に誤解して拡大解釈すると、とんでもないことになる。日本人がはまりやすい陥穽《かんせい》がここに待ち受けている。同じアジア人、一衣帯水《いちいたいすい》、同文同種《どうぶんどうしゅ》など、あれこれ魅力的なフレーズが、日本人を汎《はん》アジア主義的な幻想へ誘《いざな》う。幕末の橋本左内《はしもとさない》、林子平《はやししへい》、佐藤信淵《さとうのぶひろ》などの思想家は、国粋思想から大アジア主義のような傾向に流れ、朝鮮、中国などを保《ほ》障占領《しょうせんりょう》（国際協定の実行を保障する担保としての占領）してでも、欧米列強の脅威に備えるべきだとしている。明治の内田良平《うちだりょうへい》のように、実際に汎アジア主義の立場を実践する政治運動家も現われる。また、孫文《そんぶん》のように、大アジア主義を唱える人が、中国側にも現われ、日本人を魅了する。

だが、いったん私も陥ったのだが、ここから抜け出せない思想家、政治家は、掃《は》いて捨てるほどいる。つい最近も、なんの知識も成算もなく、安易に東アジア共同体を力説して、顰蹙《ひんしゆく》を買った元首相がいる。

当時、私は、こんなことを書いた記憶がある。日本人は、西欧化教育で歪《ゆが》められているから、パリのノートルダム寺院は知っていても隣国の慶州《キヨンジユ》の仏国寺《プルグクサ》を知らない。これは、どう考えてもおかしい。

ここまでは、今でも正論だと思っている。しかし、欧米から孤立しかねない日本が朝鮮や中国に過度に感情移入し、幻想的な期待を抱くことは、大いに危険である。

『日本の中の朝鮮文化』と『広開土王陵碑の研究』

韓国から戻るなり、問題意識らしいものを朧《おぼろ》げながら抱くようになった。つまり、いちばん近い隣国でありながら、われわれ日本人がいかに韓国について知らないかを、思い知らされた思いだった。

このころ読んだ本が、二冊あった。ひとつは、金達寿《キムダルス》さんの『日本の中の朝鮮文化』シリーズだった。日本の古代文化が、どれほど朝鮮系の渡来人の影響を受けているかという記録であり、実際に金さんが足で歩いて調べたデータに基づいている。

このとき私は気づかなかったのだが、金さんは、日本人の書いたものしか、引用しないと心に決めていた。最近の例を見れば判るのだが、韓国・朝鮮の人たちは、なんでも韓国・朝鮮起源だという妄想に囚《とら》われがちである。妄想が昂《こう》じて、とうとう漢字や剣道までもが、朝鮮起源だと言いだす始末である。朝鮮人が書いたものならいくらでも都合のいい文献が見つかるだろうが、金さんは採用しなかった。

今にして思うと、ここが金さんのやせ我慢のような美学だったのだろう。こんなことを言えば、もし金さんが存命なら怒られるかもしれないが、日本統治時代の古い日本人の感覚のような気がする。なぜなら、韓国人は、強引に自分の意見を押し付けようとするだけで、やせ我慢などしないからだ。もちろん、専門の学者ではないから、直感や思い込み、こじ付けや牽強付会《けんきようふかい》の部分もないわけではない。

後に、これも終生の師のひとりとなる上田正昭《うえだまさあき》先生が、金さんに面と向かって指摘した場面に、私も居合わせたことがある。

「金さんに言わせると、なんでも朝鮮から来たことになってしまいますからな」

「いやいや、私は小説家ですから、問題提起をするだけです。誰かが、あとで検証してくれれば、それでいいのです」

金さんが、にこにこ笑いながらこう答えたのを、私は覚えている。金さん、上田先生ともに、度量の大きな人だなと、感心させられた。

こういうことを、互いに忌憚《きたん》なく言い合えることが、重要である。その後、韓国・朝鮮人の言うことに、ご説ごもっともとばかりに迎合する日本人に出会うことが多くなり、また、検証することなしに自説を強引に押し付ける韓国人と接するようになって、お二人の偉さが、判ったのである。

話が先走ったが、この時、私は、金さんにファンレターを差しあげた。まがりなりにも、こちらも作家として百冊以上の著書を書いてきたから、読者からファンレターを貰うことはあっても、こちらから出したことはこの時の他は一度しかない。ついでながら、それは、『ヨーロッパ像の転換』を読んだとき、西尾幹二《にしおかんじ》氏に差しあげたものである。

金さんからは、さっそく丁重なお返事を頂戴した。それによれば、「東アジアの古代文化を考える会」という運動を立ち上げるから、参加してほしいとあった。

そこで、さっそく、参加するという返事を差し上げた。

このころ読んだもう一冊の本は、『広開土王陵碑の研究』（李進熙《イジンヒ》著　吉川弘文館1972年）である。当時、三千円という金額は、けっこう懐《ふところ》に響いたし、専門書だけに読み通すのに苦労した記憶がある。日本史の教科書にも記述がある『広開土王碑』は、朝鮮三国のひとつ高句麗《こうくり》の十九代目の王の事蹟を記録した石碑で、現在の中国領の輯安《しゅうあん》にある。明治時代から研究されているが、この石碑の銘文に、重要な記述がある。

「倭は、辛卯年《しんぼう》（西暦391年）を以《も》って、来たりて海を渡り、百済《くだら》、○○（判読不明箇所）、新羅《しらぎ》を破り、以って臣民となす」

遥か遠い中国領にある石碑に、古代日本が朝鮮半島に出兵し、新羅や百済ばかりでなく判読不能の○○地域までも破って家来にしたという、まさに驚天動地《きょうてんどうち》の事実が書かれている。なんでも韓国・朝鮮人が教えたと言いたがる韓国・朝鮮人にとっては、まことに都合の良くない金石文《きんせきぶん》である。これほどはっきり書いてあっては、史実をねじ枉《ま》げることは難しい。

また、この碑文は、明治政府によっても、遥か古代から朝鮮半島を領有していたとする貴重な資料として、援用されることが多かった。李さんの著書では、明治政府の意を受けて、帝国陸軍大尉の酒匂景信《さこうかげのぶ》が、碑文の表面に石灰を塗り、内容を日本に都合のいいように改竄《かいざん》した可能性があるとする。当時、日中国交回復の直後であり、実際に現地を調査する方途もなかったから、証明のしようがなかった。

「東アジアの古代文化を考える会」で学んだこと

ともあれ、私は、金達寿さんの誘いに応じて、「東アジアの古代文化を考える会」の旗揚げに参加するため、集合場所の調布市深大寺《じんだいじ》に赴《おもむ》いた。そこで、初めて金さんと出会ったのだが、予想していなかったことだが、この場に李進熙さんも来ておられた。過激な本を書かれた人にしては、物静かな学究という印象を持った。そこで、こちらも若かったから、どうして碑文改竄の事実が証明できるのかと、食い下がってみた。すると李さんは直接には答えず、高価で難解な本を、（素人の小説家が）よく読んでくださったという、ねぎらいのような言葉をくださった。

古代史ブームを反映してか、七、八十人の人々が集まった。多くは普通のマニアだったのだろうが、左側の論客も交じっていた。市民の立場から、日本古代史を東アジア的な視点から見守るといったような方針が定められ、会が発足した。

ここで、市民という言葉が、引っかかった。なんとなく、左翼の色が付いているような感じがする。しかし、国民というと、これまた右翼と誤解されかねない風潮もあった。ついでながら、人民という言葉についてだが、これも左翼用語のように聞こえるだろうが、『日本書紀』は、すべて人民で通している。左翼の人の多くは、『日本書紀』など、天皇制を美化する皇国史観のテキストだと切り捨て、たいてい読んでいないだろうが、かれらが大好きな人民という用語は、『日本書紀』に始まるのだ。

それぞれ自己紹介することになり、私は、『倭王の末裔――小説・騎馬民族征服説』を出して見せ、こんな本を出していると説明したのだが、しばらくのあいだ会員から誤解を招くことになった。その本を出している河出書房の編集者だと思われたらしい。三十代はじめで、自分で言うのも変だが若く見えるらしく、貫禄がないので、よもや古代史テーマの小説を書いている作家には見えなかったらしい。

今になって気がついても遅いのだが、私は、どうやらアスペルガー症候群らしい。一匹狼には向いているようだから、作家の親睦団体のほか、今に至るまで何かの団体に入ったというのは、この「東アジアの古代文化を考える会」の他には一度も経験したことがない。

いわば趣味の会のようなつもりで参加している人も少なくなかったが、在日韓国・朝鮮人も加わっていたし、いわゆる左翼の人々も少なくなかった。こちらは、作家の団体しか知らないし会社勤めをしたこともないから、付き合う人種は、SF作家仲間を除けば編集者か文壇関係者しかない日常である。新たな交友関係が新鮮に映ったから、さっそく創立幹事として参加することになった。

ところで、問題の『広開土王碑』である。会が発足して、わりあい早い時期に、中国側に調査の許可を願い出るという運動が起こり、筆者も発起人に名を連《つら》ねたことがある。現地の輯安《しゅうあん》を調査すれば、明治政府による改竄があったかどうか、はっきりするからである。

しかし、そのころには、問題は思わぬ方向へ動き始めていた。主として、例の大新聞が音頭を取ったわけだが、明治政府による碑文改竄の陰謀という反日運動の一環となり、学術的な方向性を喪失しはじめていた。なんでも反日の種《たね》になることなら利用しようという左側の人々によって、一種の疑似イベントに仕立てられたのである。

　個人的に知っているから、この仮説を唱えた李進熙さんは、けれん味のある方ではなく、物静かな学究というタイプの人だと判る。もちろん、民族的な思い込みがあったことはまちがいないが、かならずしも、この仮説を引っ提《さ》げて学界の陋習《ろうしゅう》を打破しようというような野心があったとも思えない。しかし、その後の従軍慰安婦など一連の問題でも同じことなのだが、韓国・朝鮮人の何かの動きを、拡大増幅して、オーバーな疑似イベントに仕立てる反日マスコミ、反日日本人の応援団が、大きな役割を果たすことになる。

　結局、後に調査した結果、改竄の事実はないと判った。李さん自身は現地を訪れていないから、多くの記録や拓本をもとにして、そう推論したにすぎない。争点の一つとなった石灰塗布《とふ》も、参謀本部の陰謀などではなく、現地の仲介者が拓本の文字が判りやすいように、昔から行なっていた方法だと判明した。

結局、大山鳴動《たいざんめいどう》してという結果に終わったのだが、かならずしも無駄ではなかったと思う。日本人の目を東アジア的な方向へ向けさせるという効果はあったのではないか。

「東アジアの古代文化を考える会」は、調布の深大寺《じんだいじ》で結成され、私も創立幹事として加わることになった。その場で事務局長に選出されたのは、Sという進歩的文化人で、テレビなどでお馴染《なじ》みになっているタレント教授の走りだった。日本人が、いかに隣国のことを知らないかという点では意見が一致したので、私も協力することにしたからだ。

折からの古代史ブームに乗って、会員は増えていった。在日韓国・朝鮮人も多く、日韓古代文化の影響など、のちに韓流歴史ブームとなる現象を先取りしたような会になった。実際、足で歩いた範囲でも、古代日本には朝鮮半島系の遺跡がたくさんあることが判っている。朝鮮半島は中国と陸続きだから、漢字にしろ仏教にしろ、日本より早くに伝わってきた。そうした文化が、日本列島へ渡来した人々によって、もたらされた。べつだん古代日本が遅れていたわけでもない。地理的に中国本土から離れていたからにすぎないのだが、韓国・朝鮮系の人の中には、いわば劣等感の裏返しのように日本に文化を伝えてやったというふうに誇大に言い立てる人々が、当時も今も後を絶たない。

会は、中国系の人々にも参加を呼びかけたのだが、ほとんど現われなかった。こうして、韓国に対して理解と関心のある日本人と、在日韓国・朝鮮人の会員で、遺跡めぐりや講演会などを続けることになった。

だいぶ後のことになるが、会ではいろいろな研究者を招いて、シンポジウムや講演会を催すようになったのだが、日本古代史の専門家のなかには、朝鮮の『三国史記』を読んでない人もいた。日本最初の対外戦争である「白村江《はくすきのえ》の戦い」は、もちろん『日本書紀』にも記録されているが、相手側の『三国史記』にも記されている。かなり異同があるから、突き合わせて比較すればよいのだが、素人の小説家ですら読んでいるものを、専門の研究者が読んだこともないでは済まされないだろう。

第三章

韓国語は、英語の三分の一の手間で巧《うま》くなる

そして、韓国語を学び始めた

韓国から戻り、やりはじめたことが、もう一つある。韓国語を習うことである。日本人の語学下手という定説がある。あれは、語学という単語のせいではないだろうか。語学を学ぼうなどと考えるから、身構えてしまう。

たしか作曲家の団伊玖磨《だんいくま》氏が、随筆で書いておられる。音楽の普及を妨《さまた》げているものは、演奏という言葉だという。演奏しようと身構えるからいけない。欧米ではたとえばピアノだが、演奏するものではなく遊《プレイ》ぶものなのだという。この伝《でん》で言えば、語学を勉強しようなどと思うからいけない。言葉を覚えようとすればいいのだろう。

「東アジアの古代文化を考える会」で、知り合った在日韓国人の人から、笹塚の教室を紹介してもらった。当時、例の大新聞は、北朝鮮を美化し、韓国を独裁政権と決めつけていたから、わざわざ韓国語を習おうなどという酔狂《すいきょう》な日本人は、それほど多くはなかった。

この教室の先生、李仁圭《イインギュ》さんは、わたしの韓国人イメージを一変させた。今もそうだが、反日の激しさから、韓国人に暗く険《けわ》しいイメージを抱く日本人が多いのではないだろうか。あながち間違いではないが、日ごろの韓国人は、やけに人懐こいところがあり、陽気で饒舌《じょうぜつ》である。

この李先生、酔っ払いで、大言壮語し、破滅型のようなところがあり、月謝を払うとそれで自腹を切って呑みに行こうなどと言いだすので、月謝を渡すなり調布の自宅へまっすぐ戻るようにと、京王線のホームまでその日の生徒全員で連れて行き、電車に乗せたこともある。

笹塚の韓国語教室で、知り合った友人に、日本航空の伊沢功氏がいる。彼は、たまたま大韓航空から日航へ研修にきていた李徳周《イドクチュ》さんという人と親しくなり、韓国への興味を抱いたということだった。さらに伊沢氏は古代史にも興味があり、日韓のつながりのようなことに関心を抱いたことから、韓国語を習ってみようと思い立ったのだという。まったく違う世界の人だが、動機は筆者と共通している。意気投合したので、「東アジアの古代文化を考える会」のことを話すと、渡りに船とばかりに、参加したいという。

私も伊沢氏も、簡単な挨拶程度の韓国語が判るようになると、実際に韓国へ行って試してみたくなった。珍道中のようなことになったが、少しばかり韓国語が判るようになっていたから前よりましだという、妙な自信もあった。ソウルへ着くと、あらかじめ連絡してあった李徳周さんと、待ち合わせて飯を食うことになった。李さんは、私より5、6歳ほど年上だから日本語世代である。

伊沢氏も、李さんも、航空機の塗装関係のブルーカラーだから、国は異なっても通じあう部分があったのだろう。韓国の研修生が食べたあと、日航の社員食堂の七味唐辛子の瓶《びん》が空《から》になるという話は面白かった。当時、辛いもの好きな韓国人が、唐辛子にお目にかかれる場所は、日本では蕎麦屋しかなかったのだそうである。

北朝鮮は、どれほど怖れられていたか?

李さんから、日本滞在中の最大のカルチャーショックというのを聞いたときは、まったく予想外なことだったので驚いた。なんとそれは、東京の街頭で、日本共産党の宣伝カーに出会ったときのことだという。ぞっとして、身がすくむような気がしたというのである。李さんは、ごく普通の人で、特に思想的な背景があるわけでもない。

こうした感想の裏に、DMZ（休戦ライン）を挟んで対峙する北朝鮮への恐怖があるということは、説明を聞くまで判らなかった。李さんは、いったんは警察を呼ぼうと考え、ここが韓国ではなく日本だと思いなおし、ようやく落ち着きを取り戻したというのである。

伊沢氏にしても、この李さんにしても、有名人というわけではない。いわば市井《しせい》の人である。こうした人々との交友を通じて得たものを、本書ではなるべく思い出せる限り、実名で紹介することに意味があると考える。

李さんから、説明してもらった。1968年、東海岸の江原道《カンウオンド》に、120名の北朝鮮工作員が侵入した。このとき、一家四人が鏖《みなごろし》にされた李家では、十歳になったばかりの息子の李《イ》承福《スンボク》くんが、「共産主義は嫌いだ《コンサンチユウィ・ヌン・シロヨ》」と言って、北のゲリラに殺されたというのである。

今、李承福くんの記念館が建っているが、金《キム》大中《デジュン》、盧《ノ》武鉉《ムヒョン》という左翼政権が続いたあと、このエピソードは、朴正熙時代に造られた反共プロパガンダだということになっていたが、ごく最近そういう台詞《せりふ》を口にしたかどうかはともかく、あの事件で李一家が北ゲリラに惨殺されたことが証明され、嘘ではなかったことがはっきりした。

それから、まだ数年しか経《た》っていない時期だったから、李徳周さんの危機感は、大きなものだったのだ。

この時、李さんが、あまりすごい権幕だったので、私は日本共産党は北朝鮮とは違い、合法的な政党であり、恐れる必要はないと力説したものだった。あんなふうに、日本共産党を熱心に擁護したのは、後にも先にも、あの時だけだ。これに対して李さんは、日本人は共産主義の恐ろしさをまったく判っていないのだと、反論する。

この時の訪韓の際の記憶かどうか定かではないが、韓国を訪れた際、街中でよく見かけるスローガンに気づいた。ハングル表記だが、一応は読めるようになっていたから、何度目かの訪韓のときのことだったのだろう。「ミョルゴン　トンギル」と書いてある。その発音から、相当する漢字を思いつかないと、意味が判らない。トンギルは統一だと判るのだが、ミョルゴンのほうが判らない。ゴンという表記になる漢字は、たくさんある。公、功、攻、空、恐、共、貢など、いくらでも例を挙げられる。

韓国人に訊《き》いてみて、はじめてミョルゴンが、滅共《めつきよう》という単語だと判った。つまり、共産主義を滅ぼして、統一しようというわけだ。この滅共統一《ミョルゴントンギル》というスローガンは、赤い大きな文字で工場の塀などに書かれていたから、あちこちで見かけた。仮に日本で、平仮名で「めっきょうとういつ」と書いてあったら、なんのことか、さっぱり判らないだろう。

当時、韓国では、それほど北朝鮮は怖れられていたのだ。李さんは、翌日休暇を取ったから、一日つきあって、われわれ二人を案内してくれるということになった。行く先は、江華島《カンファド》である。約束通り、ホテルへ迎えに来てくれたので、タクシーを一日貸切にして、出かけることになった。貸切は、韓国語で貸切《テージョル》という。

ついでだからここで説明しておくが、韓国語には、経済《キョンジェ》、物理《ムルリ》、化学《ファハク》など、日本語を韓国音で読み換えた単語がたくさんあることは、よく知られている。しかし、こうした音読みの単語ばかりでなく、訓読みの熟語を、韓国音で読み換《か》えた単語が、掃《は》いて捨てるほど存在することは、あまり知られていない。たとえば、手続《スソク》、取消《チュイソ》、手《ス》当《ダン》、貸切《テージョル》など、たくさんある。日本語では、手続《しゅぞく》、取消《しゅしょう》、手当《しゅとう》、貸切《たいせつ》などとは読まないから、発音は似ても似つかないが、これらも日本語に由来する単語である。

こうした単語をふくめれば、韓国で使われている漢字熟語の7、8割は、本来の中国起源ではなく、日本起源なのである。つまり、韓国が漢字を復活できないのは、もし漢字を復活すれば、これらの単語のほとんどが日本起源だと、国民にばれてしまうからなのだ。詳しくは、拙著『韓国が漢字を復活できない理由』(祥伝社新書)を参照されたい。

北朝鮮が双眼鏡で見える江華島に渡って

話が横道にそれたので、江華島に戻そう。この島は、金浦空港の西にあり、現在は橋で本土とつながっているが、もともとは海峡を隔《へだ》てていたから、折々に歴史の舞台となった。日本では、明治八年(1875年)に、日本軍艦雲揚《うんよう》号が、草芝鎮《チョジチン》の砲台を砲撃して、朝鮮王朝を開国に導いた江華島条約で知られるが、韓国では、むしろ蒙古との関係から、歴史ドラマなどで扱われることが多い。『武人時代《ムインシデー》』などの大河ドラマで描かれているが、蒙古の侵略に直面して、高麗王室が、宰相格の権臣崔瑀《チェウ》の進言によって、宮廷そっくり江華島へ逃げこんだ顛末については、この稿の冒頭で触れた。当時の仮宮殿なども復元されている。

外敵を前にしても、なお権力闘争に明け暮れる朝鮮の為政者の無責任ぶりは、今も昔も変わらない。また、観光名所としては、三世紀末の創建とされる韓国最古の名刹伝灯寺《チョンドンサ》などもあるし、韓国国体の聖火が採火されることで有名な摩尼山《マニサン》が、檀君伝説との関わりでよく知られている。

高麗人参の産地だという島は、平和な農村地帯である。観光のような島めぐりをしたのち、島の北端の鉄山里《チョルサルリ》というところへ着いた。李さんはそこで車を停めさせ、なにやらゲートのようなものがある方向へ歩き出した。ゲートの衛兵らしい銃を持った若者に話しかけると、やがて韓国軍の将校が現われた。李さんが、その将校と二言三言話した後、招かれるままに連れて行かれると、丘の下のトンネルに入った。

出抜けたところに、監視所のようなものがあり、その向こうは河になっている。漢《ハン》江《ガン》の河口だが、ここらは汽水域で海峡のような川幅である。小さな島が見える。留島《ユド》という無人島だそうで、対岸の集落がかすかに見える。

「北韓《プッカン》です」

案内してくれた韓国軍の将校が、双眼鏡を貸してくれ説明するのを、李さんが通訳してくれる。韓国人は、北朝鮮のことを、ふつう北韓《プッカン》と呼んでいるが、敵意を剥き出しにした際は、北傀《プッケ》と呼んでいた。北の傀儡《かいらい》政権という意味だが、親北勢力が増えている現在は露骨すぎるらしく、滅多に使うことはない。

遥か対岸に、煉瓦造りの立派な人家が見えている。北朝鮮の集落だが、こちらから見ているのを計算して、わざと豪華に造ってあるのだそうだ。また、北朝鮮はこのあたりから、小型の潜水艇をしつらえて漢江を遡《さかのぼ》り、ソウル市内へ工作員を送りこんだこともあるという。

李さんは、昨夜の議論の続きで、平和ぼけの二人の日本人に、北朝鮮と対峙する韓国の現状を見せたかったのである。大韓航空は、確かに国策会社だが、李徳周さんは愛国者ではあるものの、ひとりの一般人でしかない。しかし、国を背負っているというプライドがあり、隣国から来たわれわれに、北朝鮮という究極の独裁国家と対峙する危機感を力説したものだった。

北朝鮮からは、前に述べた江原道のゲリラ、小型潜水艇などのほか、多くの対南工作が行なわれている。三十数人のゲリラが朴正熙《パクチヨンヒ》大統領の暗殺を企《くわだ》てて侵入し、最後の一人が青瓦台《チヨンワデ》（大統領官邸）の近くで射殺されたのは、このときからわずか数年前でしかない。実は、この事件には、たった一人だが生存者がいる。負傷して韓国側に捕らわれ、その後は改心して、韓国で生涯を終えた金新朝《キムシンジヨ》氏で、私の親友の作家田《た》中光二《なかこうじ》氏は、ソウル生まれという伝手《つて》を辿《たど》ってか、面会したことがある。

日本人には、国境の感覚がないから日常は意識することもないが、この最前線に立てば、緊張がひしひしと伝わってくる。

しばらく、北朝鮮側を見ながら、話しこんだ。案内の将校は、李さんの通訳がもどかしかったせいか、英語で話しかけてくる。日本から来た、日本はどこから、などといった世間話のような応対だったが、このことで命が助かることになるとは、その時は考えてもみなかった。

李さんがどういう資格で、われわれ外国人を、最前線の陣地へ入れてくれたのか知らない。李さんは、徴兵制のある韓国なら当然のことだが、兵役に服《ふく》したことがあると言っていた。そのことで、なにかの資格があったのかもしれない。あるいは、国策会社である大韓航空だから、その資格がものを言うのかもしれない。

紛争最前線に立ってわかった緊張感

韓国は、日本より妙に融通の利《き》く社会である。職権を超えたような変なサービス精神に出くわすことが少なくない。思いがけないところへ、入れてもらえたという経験は、韓国を訪れた人なら、かならずあるはずだ。もっとも、この〈ケンチャナ〉（かまわない、気にしない）という文化が、悪い方向に作用すると、札付きの人物が、公的な場所に堂々と入りこんで、アメリカ大使に斬りつけるような、不祥事を犯すことにつながりかねない。

ともあれ、三、四十分ほど、北朝鮮を河越しに眺めたあと、戻ることになった。歩哨所からトンネルに入り、ちょっとばかり歩いたときである。私は、足元の何かを蹴《け》飛ばしてしまった。何かが倒れ、金属音がトンネル内で響いた。私は、生来の粗忽《そこつ》者である。かがみこんで、蹴倒したものを拾おうとした。棒のような鉄の感触だった。そのときだ。その将校が、大声で怒鳴った。

「触《ドント・タッチ・イット》るな」

というようなことを、英語で叫んだ。見ると、仁王立ちになって、腰のホルスターに手をかけている。ピストルを抜こうとしているのだ。私は、握りかけたものから手を放し、両手を広げた。

そこに立てかけてあったものは、M―16自動小銃だったのだ。素性《すじょう》も知れない外国人が、倒した銃に手をかけた。銃口のほうを握りかけたのが、偶然だったが幸いしたのだろう。もし、逆に持っていたら、撃たれたかもしれなかった。

さきほど、英語で世間話のようなことをしたから、この将校は、やってきた日本人が英語を理解すると知っている。だから、とっさに英語で叫んだのだろう。こちらがすぐ手を放したから良かったのだが、あとで考えると冷や汗ものだった。

ソウル滞在中の三日ほど、李徳周さんと会ったが、それ以後、会う機会はなかった。だが、この方から、教えられたことは大きかった。

最近のナッツ姫こと、趙顕娥《チヨヒヨナ》という創業者一族のことで評判の悪い大韓航空だが、彼女の祖父である創始者の趙重勲《チヨジユンフン》氏も、贈賄で収監されるなど不祥事を犯している。

しかし、李さんのようなブルーカラーのエリートは、会社や国家に誇りを持ち、毅《き》然《ぜん》とした態度だった。北朝鮮に対しては、愛国心を剥き出しにした対抗意識を示して、はばからなかった。

　私は、もともと政治には関心のないほうで、日本で報道されるまま韓国では朴正《パクチョン》熙《ヒ》大統領の下《もと》で独裁体制が施《し》かれていると教えられ、なんの疑いも持たなかった。例の大新聞だが、当時は、済州島女狩りも、挺身隊＝従軍慰安婦も、報道していなかった。もし、それが事実であるとしたら、反日で売っているあの大新聞が、報道しないはずがない。つまり、従軍慰安婦も済州島女狩りも、のちになって捏造したものだという、生きた証拠なのだ。あの大新聞は、強大な権力を行使し、ひたすら韓国を独裁国家として貶め、相対的に北朝鮮を、地上の楽園として美化する報道に終始していた。韓国の立場が、報道されることはなかったのだ。社会主義というキーワードを聞いた途端に、パブロフの犬よろしく、条件反射的に受け止めてしまったからだろう。

　そのころ、参加した文芸団体で、あるカルチャーショックを覚えた。韓国の独裁政権（？）を批判し、北朝鮮を支持し、原子力発電に反対し、ついでに天皇制度を批判でもしておけば、あの人は進歩的で立派な作家だという評価が、ひとりでに醸《かも》し出されるような雰囲気だった。

だからこそ、この李徳周さんのような愛国者に出会うと、最初は戸惑《とまど》ったものである。だが、河を挟んで北朝鮮と対峙する江華島の鉄山里の防衛陣地での印象と体験は、これまでの私の韓国観を一変させることになったのだ。

第四章

北朝鮮は地上の楽園？

先に切ってしまった、反日という最後の切り札

このところ、韓国の反日が、前にも増して、常軌を逸したものになっている。アメリカ議会での安倍総理の演説に対して、まったく関係のない韓国側が、謝罪がなかったと因縁をつけたりしたことがあるが、マスコミも、札付きのマイク・ホンダ議員のような色の付いた人物の意見をわざわざ紹介することはないだろう。紹介するなら、中国系、韓国系の住民から選挙資金を得ている政治家だということを、ちゃんと説明すべきだった。

日本人は、ともすれば自虐的ともいえるほど自省的になりがちだから、事情を知らない読者は、アメリカでは安倍総理が当の日系人すべてから批判されていると受け止めかねない。

日韓の首脳会談の実現について、あれこれ論調があったが、いわゆる従軍慰安婦なる者にしか興味を持っていない相手と会っても意味がなかったろう。日韓の間には、政治、経済、文化、技術、軍事など、協力できる分野が山のようにあるはずだが、相手は、なんら興味を示さなかったのだから、愚《おろ》かとしか言いようがない。

しかも、今の政権は最初から、反日という最後の切り札を切ってしまった。現在、セウォル号の処理、贈収賄に加え、弾劾《だんがい》を受けて職務停止になり、レイムダック化も窮《きわ》まった。多くの問題を抱え、しかも経済も悪化しているなかで、唯一の味方だったはずの日本を、わざわざ敵に追いやっている。

韓国人は、怒鳴《どな》り合った後、けろっとした顔で接してきたりする。日本人にはない態度である。どの面《つら》さげて、という感覚がないのである。日本だと、後々、しこりが残るはずだが、韓国ではそうではない。

韓国経済が悪化して、以前にＩＭＦの管理下に入った時のような状態になったとする。仮定の話ではなく、現にそれらしい予兆も現われている。日韓の通貨スワップ協定は、期限切れになったままだが再延長の交渉は行なわれていない。近い将来、その必要が生じれば、必ず、日本に泣きついてくるにちがいない。これは、韓国人も認めている一種の甘えの構造なのだが、しかし、今度ばかりは日本側の対応も異なってくるだろう。

１９７０年代の韓国

ここらで本題に戻る。１９７０年代の話である。当時、筆者も含めて、ほとんどの日本人が、韓国は朴正熙大統領を頂点とする独裁国家だと信じこまされていた。

あの大新聞がそう報道するのだからまちがいないと、いわば洗脳されていたのだ。その一方で、あの大新聞は、北朝鮮を美化していた。「地上の楽園」というスローガンどおりに、なんの疑いもなく、疑似イベントを垂れ流していた。

疑似イベント（Ｐｓｅｕｄｏｅｖｅｎｔ《シュードイヴェント》）とは、アメリカの社会学者ダニエル・Ｊ・ブーアスティンの造語である。マスコミがイベントを創作してしまい、実情が失われてしまう現象のことである。

ブーアスティンが記録している面白い実例を紹介してみよう。二十世紀の初めころのことだが、アメリカのさる田舎町に巡回サーカスがやってきた。といっても大小二頭の象がいるというだけで、たいしたサーカスではない。運悪く、その町に着いたとたんに、芸達者な大人の象が病気になってしまった。もう一頭の子供の象は、何の芸もない。

困り果てたサーカス団長が、町の人に相談する。すると、その町の新聞社の記者が記事を書いてくれた。母親の病気を心配する哀れな子象という記事だが、実はこの二頭は、母子でも何でもない。すると町の住民たちは、みんな同情して金品をサーカスに届けてくる。そこで記者は、第二弾の記事として、母象がかつてインドのマハラジャに飼われていたというデッチ上げ記事を書いたところ、隣町からも大勢が象の母子（？）を見物にやってくる始末で、実際にサーカスを興行するより儲かったほどだったという。ブーアスティンは、この現象を疑似イベントの実例として紹介している。日本では赤新聞というが、英語では、こういう新聞をイエローペイパーと呼ぶらしい。

アメリカの一地方の話だが、小さな新聞社でさえ、近隣の人々を巻き込んで巨大な影響力を行使できるということである。ブーアスティンが、何十年も前に警告した通りのことが、日本でも起こったのである。

ついでながら、疑似イベントSFは日本にしかないジャンルで、筒井康隆《つついやすたか》が開拓した分野でもある。ベトナムが、ベトナム戦争を再現するテーマパークを造って観光客を誘致する『ベトナム観光公社』は、筒井の傑作である。つまり、疑似イベントとは、マスコミが演出して、事件や歴史をでっち上げてしまうことである。

70年代の韓国、朝鮮報道は、あの大新聞の手で、というより検閲を受けたに等しい状態で、完全に疑似イベント化していたのである。北朝鮮＝善、韓国＝悪という図式で単純化し、新聞が疑似イベントを演出していたことになる。

実際に韓国へも北朝鮮へも行ったことのない読者には、そうだと信じるほかはなかった。筆者も、多少は韓国語をかじったとはいえ、そういう読者の一人でしかなかった。しかも、在日朝鮮人の帰国運動が、赤十字も関わって進められていた。

その結果、十万人近い在日朝鮮人と、その配偶者の数千人の日本人が、あの国へ渡ったのである。この運動には、後にノーベル賞を取る有名作家や、無銭旅行で世界を歩いた人気評論家が関わり、北朝鮮を褒《ほ》めあげている。

実は、私も韓国に関わったものの、北朝鮮のほうが良い国だと、最初は思いこんでいた。

日韓基本条約を間に挟んで

また、私の世代では、韓国動乱《ハングクトンナン》（日本で言う朝鮮戦争）の記憶が、残っている。1950年～1953年にわたって戦われた内戦は、多くの悲劇を生んだ。当時、私は、小学生だったが、周囲の大人たちが、危機感を語るのを覚えている。北朝鮮の電撃作戦であっという間《ま》にソウルが陥落し、大軍が南下しはじめ、とうとう韓国軍は東南の一画に追いつめられた。大人たちは、北朝鮮が統一し、余勢を駆って九州へ攻めこんで来るのではないかと、危惧《きぐ》したりした。そうしたことを聞かされていたので、子供心に、朝鮮半島の分断状況をかなり身近に感じていたことも確かだった。

戦後の混乱期には、思想界も例外ではなかった。マルクス主義の影響が大きかった。あの読売新聞社ですら、金日成《キムイルソン》の著作集を刊行していたくらいだから、おおかたのインテリは、ポーズにもしろ左翼的に見せたほうが進歩的だと見なされ、受けが良かったのだ。

日韓の交流が、本格化するのは、ご存知の通り、1965年の日韓基本条約からだ。日本は韓国を朝鮮半島を代表する国家と認め、さすがに賠償という表現は避けたが、当時わずか18億ドルしかなかった外貨準備のなかから有償・無償合わせて5億ドルを支払った。この資金が韓国のインフラ整備に回され、高度成長の引き金となった。ここは、朴正熙大統領の功績だろう。他の多くの途上国で、先進国からの援助が権力者の贅沢に回ってしまった例は枚挙に暇《いとま》がないが、韓国は違った。

あの時代、京釜高速道路《キヨンブコーソクトーロ》、古里原子力発電所《コリウオンジャリヨクパルジヨンソ》ばかりでなく、外貨の乏しい事情を勘案してタクシー需要だけでも賄《まかな》おうと、自動車産業を興《おこ》したのは稀有《けう》な先見《せんけん》の明《めい》だろう。朴大統領の大英断だが、その裏には日本の貢献があったことを声高《こわだか》に言い立てるべきだ。

現在、韓国は、対日賠償を蒸《む》し返している。ということは、日韓基本条約を破棄するということになる。血迷ったとしか思えない。つまり、そうなれば、日本側からも対韓請求権が発生する。戦前、日本が投下したインフラ資金など、すべて返還してもらうべきだ。

筆者が、韓国へ通いはじめたのは、この基本条約から十年も経《た》たない時期だったから、日本人の韓国への関心も低く、あの大新聞の報道することを信じてさえいれば、こと足れりとする風潮が支配的だった。しかし、何度も通ううちに、しだいに、あの大新聞の報道がおかしいと、感じはじめた。あまり具体的なものではなかったが、あの新聞の狙いがどこにあるか、うすうす感づきはじめた。

『タイムスリップ大戦争』（角川書店）を書くに当たって、日米開戦直前の歴史を調べはじめたところ、あの大新聞が、もっとも熱心に三国同盟を推進したことも判ってきた。また、戦時報道にもしろ、好戦的な記事を書きまくっていたことも知った。

　あの大新聞の目的は、たった一つしかない。遍《あまね》くすべての日本人民が、あの新聞の報道することを、たとえ嘘でも鵜《う》呑みにして信じこむ社会を築きたいのである。その結果、日本が破滅しても、いっこうに問題にしない。戦前、その希望は叶《かな》えられかけた。あの大新聞は、進んで戦争に協力した。悪名高い大本営発表もそうした活動の一つであり、国民こぞってあの大新聞の膝下《しっか》にひれ伏すことが最大の狙いであり、国家が滅びようがまったく関心がないのである。

　マスコミが、無冠の帝王と言われる所以《ゆえん》だろう。この帝王は、一億臣民こぞって、この帝王の赤子《せきし》（子供）となって、大御稜威《おおみいつ》（帝王の威徳）のもとに、ひれ伏す社会を希求《ききゅう》してやまないのだ。だから、この帝王は、ライバルと見てか、天皇制度を嫌うのだろう。この新聞の当時のナチスへの傾斜と、北朝鮮報道の類似について、初めて言及したのは、加瀬《かせ》英明《ひであき》さんである。ヒトラーを褒めちぎったのと同様の筆致で、金日成を称《たた》えてみせたのである。

朝日新聞「北朝鮮みたまま」に書かれていたこと

やや時代を急ぎすぎるのだが、朝日新聞は、1975年10月17日から、「北朝鮮みたまま」という連載を開始する。（北京＝田所特派員・写真も）とする署名記事である。まず第一回の見出しからして、感心させられる。

『ぬきん出る主席の力』と来てから『「速度戦」へ民力を集中』という大見出し。黒枠で『開明君主』とあり、『ととのった一色化』『建国の経歴に敬意』『役立つ国際的声望』『主体確立に課題』という小見出しが続く。

「四歳までの乳幼児を預かる託児所でさえも、こどもは物心つくと金日成主席の故郷、マンギョンデ（万景台）の模型を前に、いかに主席が幼い日から革命指導者としての資質を発揮したかを教えられ、それを自分で説明できるようにしつけられている」

この記事を書いた田所特派員は、何も疑問に感じなかったのだろうか。四歳児までも、金日成への個人崇拝を叩きこまれている。洗脳教育そのものである。その現実を、あたかも渇望《かつぼう》しているかのごとく報道することに、なんの躊躇《ためら》いも抱かなかったのだろうか。明らかに北朝鮮のプロパガンダでしかないのに、なんの批判もせずに北朝鮮賛美の報道を垂《た》れ流し読者に強制することに、朝日の人々は誰も異《い》を唱えなかったのだろうか。ここに、朝日の強烈な意思を感じる。単なる誤報などではない。

北朝鮮を賛美し、韓国と同時に日本を貶《おとし》める作戦だったのだろう。記事を引用することが、つらくなるほどだ。見出しのほうも、いい気なものである。共産主義を標榜《ひようぼう》する国に、「開明君主」がいていいわけがない。さすがに、この言葉は、当時の自民党の宇都宮徳馬《うつのみやとくま》氏の言葉を借りた、としている。文字通り「君主」ではない、と一応は弁解したあと、「しかし、同主席と他の指導者の比重は大きく隔《へだ》たっている」と書く。日本では、安倍総理と一般国民の比重は、法律上も異なることはない。大きく隔たった指導者がいるとすれば、そういう存在を独裁者と呼ぶのだが、朝日記者はそうは考えないらしい。

第二回は、『学習で意識アップ』『利潤による刺激策とらず』として、経済建設に関する記事が主だが、ここでも偏向がある。軍事優先を南側（米韓連合軍）に対する至上命題と書いてみせ、北側の理屈を正当化する。いったい、どこの国の新聞なのか、疑わしくもなる。黒枠で強調した中見出しでは、『中国型の建設』としている。

これには、中ソ対立という時代的な背景がある。ソ連が、利潤導入政策を採《と》ったとき、中国指導部は、修正主義として口をきわめて罵《ののし》った。もっとも現在の中国は、この伝《でん》で言えば、修正主義も修正主義、拝金思想に近い社会になっている。また、現在の北朝鮮に関して言えば、経済は崩壊状態で、配給は滞りがちで、闇市《やみいち》が横行している。〈利潤による刺激策〉以前の窮状である。

記事と事実は、まったく違っていた！

金日成《キミルソン》の偉いところは、革命偉人でもなければ、偉大な政治家でもなく、中ソ対立の狭間《はざま》で、ユスリ、タカリに頼って国家を経営する方法を編み出した点にある。中国に付くような素振りを示し、ソ連から援助を引きだし、ソ連に靡《なび》くふりをして中国にたかる。

これによって、成り立った国家なのだ。当時も今も、北朝鮮を共産主義にもとづく計画経済の国だと思っている人が多いが、事実は異なる。金日成以来の伝統と言うべき、この政策は、その後も続けられている。金正日《キムジョンギル》は、KEDO（朝鮮半島エネルギー開発機構）において、核開発の取りやめを餌《えさ》に、日米韓から膨大な援助を引き出して、そのまま知らん顔を決めこんでしまった。また、現在の金正恩《キムジョングン》も、核とミサイルを餌にして、中米を天秤にかけて、援助を引き出そうとしている。

なぜ、朝日の記者は、こうしたことを批判しないのだろうか。後知恵ではなく当時ですら、北朝鮮がおかしいのではないかという意見は、たくさん存在した。タイトルは、『北朝鮮みたまま』となっているが、観《み》たままでないことは、読んでみれば判るだろう。

この回も、集約化で高収量、と小見出しで謳《うた》っているが、これは中国を意識した先方の説明を鵜《う》のみにした記事である。中国で、「農業は大寨《たいさい》に学べ」というスローガンがあったが、発表された信じがたい収穫量には、各方面から疑問が投げかけられていた。この当時ですら日本の農業の専門家は、世界一の単位面積当たりの収穫量を達成している日本の技術でも、まったく不可能な数値だとして、はっきり否定していた。朝日新聞は、こうした分析に耳を貸そうとせず、ひたすら中国を美化して見せたばかりでなく、この手法を北朝鮮にも援用してみせたのである。

はたして、大寨における収穫量は、まったくのでっち上げの数字だったと後《のち》に判明した。北朝鮮では目標を一年四カ月繰りあげて達成したなど、主体思想の成果を高らかに謳いあげているが、例によってプロパガンダに対する批判は何もない。要するに、いわゆる提灯《ちょうちん》記事でしかない。

連載も三回目になると、北朝鮮へのゴマのすりかたは、誇大妄想と言って悪ければ、宗教的な信念のようなものに変わっていく。『盛んな住宅建設』『農村の収入は都会なみ』という大見出しを掲げ、きわめて安いコメ、都市では温水暖房、道路には花いっぱいなど、まるで幇間《たいこもち》のような記事を書いて恥ずかしくないのだろうか。あたかも信仰心から北朝鮮に帰依《きえ》したとしか思えない。

つまりは、北のプロパガンダでしかなかった

なぜ、朝日は、こんなことを書いたのだろうか。その一方で、韓国を独裁政権扱いして、貶《おとし》めている。確かに、韓国の朴政権（当時、父親のほう）に、問題もあったろう。しかし、分断国家の一方である北朝鮮という独裁体制と、DMZ（軍事境界線）を挟んで対峙しているのだから、無制限に国内を緩《ゆる》めるわけにもいかない。

北朝鮮が、究極の独裁国家でなく民主制度ならば、それほどの警戒も必要ないかもしれないが、現実は厳しく強権政治を敷くしかなかった。当時の韓国には、韓国動乱の記憶が鮮明に残っていた。私有財産を否定する建前からソウルを占領した北朝鮮軍は、ブルジョア、地主階級を、人々の目の前で公開処刑してみせた。こうした残虐行為は、まだ忘れられていなかったのだ。

当時、韓国では、誤判《オバン》という言葉が、よく使われていた。韓国内が混乱したと見てとると、北朝鮮軍が侵攻してくるかもしれない。北に誤判させないことが、いわば抑

止力になるという。実際、朝日新聞が、『北朝鮮みたまま』の連載を開始した年の四月、サイゴンが陥落している。その直後に訪ソした金日成は、南進の意図を明かし、ソ連の援助を求め、失うものは境界線だけと豪語してみせたという。ソ連指導部は、当時ブレジネフ書記長のもとで集団指導体制にあったが、いわゆるデタント（緊張緩和）をメインの政策に据《す》えていたため、泡を食らって南進の中止を金日成に求めた。金も、たびたび援助を無心している手前、それ以上のことは言えず、南進を断念したという。

1975年の朝日新聞の『北朝鮮みたまま』という連載記事は、第四回で「各層へ女性が進出」と題し、「平等でも貞節さ失わず」という小見出しをつけ、北朝鮮における女権の保証や、育児施設の完備など、無邪気に賛美する。「みたまま」ではなく、表面しか見ていない、あるいは見せられていないのだろう。第五回となると、『立ちふさがる現実』と題し、「分断が相互の不信生む」とし、一見すると公平な報道を装うが、内容はそれまでの連載のトーンと変わらない。引用してみよう。

「平壌の学生少年宮殿で見た小、中学生の出し物の中に『統一のたこ揚げ』という二幕もののバレエがあった。南（韓国）で圧政に苦しんでいる民衆に、こどもたちが北朝鮮の幸せな生活を伝えようと大きなたこに乗り、38度線越しに空から呼びかけると、南の人々がこれを聞いて立ち上がる、という筋書きだ」

北朝鮮のプロパガンダそのもののような記事を、わざわざ日本の朝日新聞が書く必要が、いったいどこにあるのだろうか。どちらが圧政か、今となっては常識だが、朝日はかつての報道を訂正しようともしない。

現在、韓国側から北へ向けて、宣伝ビラを積んだ風船を上げていることに、北朝鮮がたび重なる抗議を続けていることを思えば、隔世《かくせい》の感がある。

朝日新聞は、「漢江《ハンガン》の奇跡」と言われた韓国の高度成長が軌道に乗り始めた1980年にも、今度は猪狩章特派員の署名記事で『北朝鮮これからの道』と題する提灯記事を、性懲《しょうこ》りもなく連載することになる。

第五章

野性号——日韓共同プロジェクト

サイゴン陥落時に北朝鮮が南進していたら

1975年は、私にとって、公私ともに一つの転換期になった。韓国に関わりはじめて三年、最初の先生の李仁圭《イインキュ》さんの教室には通わなくなっていた。この李さん、良い意味でも悪い意味でも、私の刷《す》り込みのような韓国観を一変させてくれた人だった。その月の月謝を渡すと、われわれを呑みにつれて行こうとするので、〝同級生〟の日本航空の伊沢さんと、私とで、笹塚《ささづか》駅から、京王線に乗せこんだこともあった。

われわれ日本人が、刷り込まれている韓国・朝鮮人のイメージは、険悪でなければ、商売上手、あるいは金銭にずるいといった偏見だろうが、この李さんによって、そうでない韓国人を知ったことも収穫だった。陽気で、後先なしで、見栄っ張りで、なんにでも一家言ある人で、当時は意外に感じたものの、実際には本国にもよくいるタイプである。ソウルへ行くたびに通ったので、顔を覚えてもらった武橋洞《ムキヨドン》の居酒屋《テポーチプ》の親父が、同じようなタイプだった。私よりかなり年上の日本語世代で、日本の政治にも興味があり、押しつけがましく、しばしば高説を開陳《かいちん》されるので、相手をするのに困ったことがある。

なぜ笹塚の教室を辞めたかというと、習った韓国語が、あまり通じなかったからだ。実は、この李さん、全羅南道の麗水《ヨース》の出身だと、後で聞かされた。方言の酷《ひど》い地方《サトリ》なのである。仮にアメリカ人が、ハワイ生まれの広島出身の日系二世から、日本語を習ったとする。それと同じようなもので、訛った外国語を習うことになる。

そこで、ソウル出身の可愛い留学生のお嬢さんに、毎週一回わが家に来てもらい、韓国語を習うことにした。ソウル弁は、いわゆる標準語とは、微妙に違う。江戸弁が、標準語でないのと同じである。たとえば、有名な財閥の「現代」である。ローマ字表記では、ヒュンダイ(Hyundai)と書く。韓国語では重母音は同時に発音する原則だから、ダイという部分は、デーに近い発音になる。この重母音は、英語のアップルのアで、日本語では、名古屋弁にしか存在しない。えびフリャー(フライ)という時の母音である。

さて、余計なことを書いているが、ヒュンダイは、実際の発音はヒョンデーに近いが、ソウル弁ではヒュンデーのようになるから、ローマ字ではあの表記になっているため、ややこしい。

それはともかく、ソウル出身の留学生の李喜烈《イヒヨル》さんというお嬢さんが、わが家にやってくるようになり、韓国語にも身が入るようになった。ちょうど、角川文庫の仕事が順調に進むようになり、雑誌『野性時代』の一挙掲載の長篇を執筆しているときだった。編集者につかまり、ホテルニューオータニに缶詰になっているとき、その日が韓国語の勉強だと思いだした。習いごとというものは、たとえ一回でもサボると続かなくなってしまうものだ。

そこで、李さんと連絡をとり、ホテルへ来てもらい、昼飯がてら授業をやることになった。たしか、この年の五月はじめだった。ホテルのビュッフェで飯を食いながら、いつものように私が韓国語を喋りはじめたとたん、突然、李さんが、はらはらと涙を流しはじめた。三十代終わりの男と、二十代初めの美女。その美女が、泣きだしたのだ、周囲の好奇の視線が、われわれに集まった。

実は、四月三十日に、サイゴンが陥落し、南ベトナム政府が崩壊した。このころ彼女は、朝日かどうか知らないが、日本のマスコミで、次は韓国というような記事を読んだ。そのため、祖国の将来が不安になり、つい涙したのである。私は、懸命に慰《なぐさ》めた。韓国は、ベトナムとは違う。そんなことにはならないと、力説したものだった。先に触れたように、金日成はソ連（当時）を訪れ、南進の意図を明かし、協力を訴えたほどだから、北朝鮮が南進する可能性もないわけではなかった。

ただ、もしもの歴史になるが、あの時、北朝鮮が南進を敢行したとしても、朝鮮戦争（韓国動乱）の時のように巧《うま》くはいかなかったろう。朝鮮戦争の時、韓国軍には戦闘機も戦車もなく、アメリカ軍事顧問団がわずか五百人いただけだったから、北朝鮮の電撃作戦を許してしまったが、75年当時の韓国は、北朝鮮に対して警戒を怠らなかった。また、軍備のほうも、動乱当時とは格段の差であり、韓国国民の国防意識も高かった。

日本人は、戦争とは軍備があるから起こるというふうに、左側の人の努力によって洗脳されているが、そうではない。軍事力の著《いちじる》しい不均衡があるとき、起こるものなのだ。意外に思う人もいるだろうが、第二次大戦の開戦時、太平洋方面の軍事力は、質量ともに、日本がアメリカを凌駕《りょうが》していた。しかも、アメリカは、日本の軍事力について、まったく情報を欠いていたため、過小評価していたから戦争準備をしてこなかった。また、戦争に巻きこまれたくないという厭戦《えんせん》気分がアメリカ全土に横溢《おういつ》していた。

こうした状況の中で、日本はやむなく開戦に踏み切ったのだが、まったく勝算がないわけではなかった。緒戦ではアメリカを圧倒したものの、結局負けてしまったのは、日本人が軍国主義には馴染《なじ》まない戦争下手な国民性だったからだろう。無謀な戦争とか、アメリカの物量に負けたとかいうような説明は、アメリカの巨大な工業力が戦時体制に切り替わってからのことだから、いわば後知恵のようなものだ。

『野性号』に乗り込むことに……

今、喜寿を越えて思うのだが、人間、忙しいほうが、いろいろできるものである。そのころ、日韓のひとつのプロジェクトが進行し、それに参加することになった。

古代の船を復元し、玄界灘をわたり韓国から日本へ向かうという計画である。この船『野性号』は、十六トンほどの木造船だが、日本で言う弥生時代の航海術を参考に、なるべく当時に近い姿で建造された半構造船である。

角川書店、NHK、朝日新聞（!）の後援のもとで、実行に移されることになった。古代史テーマの作品を書いているということで、私も角川春樹氏から、乗船してくれと頼まれたが、全行程45日ということだったので、とてもスケジュールが取れそうもない。そこで、最後の十日間ほどに、付き合うということで承諾した。

われわれの世代では、実験考古学といえば、トール・ヘイエルダールによる『コンチキ号航海記』がなじみ深い。戦後まもない1947年、アンデス文明とポリネシア文明の類似を実証しようと、ヘイエルダールは、ペルーの港からバルサ材の筏《いかだ》で出航した。この航海記が、ベストセラーとなった。

それほどの規模ではないが、『野性号』も、こうした実験考古学のプロジェクトとして発足した。日本側では『邪馬台国への道』というプロジェクト名、韓国側では、『三韓海路踏査隊《サマンヘーロタプサデー》』という名称と決まった。三韓《サマン》とは、馬韓《マハン》（後の百済）、辰韓《チナン》（後の新羅）、弁韓《ピョナン》（加羅《カラ》諸国）を指す。魏志を読めばわかるが、韓伝、倭人伝では、半島南端の弁韓地方の金海《キメ》あたりを船出して、対馬、壱岐、北九州というルートが描かれる。

しかし、野性号は、仁川《インチヨン》からはじめて、黄海を半島西岸に沿って南下して、釜山の近くから対馬へ渡るというコースになった。仁川から釜山までがけっこう時間がかかるので、ここは参加しなかった。全行程を乗船したのは、のちに芥川賞を取る高橋《たかはし》三千綱《みちつな》氏だが、彼の得意とする小説のレパートリーと重なる体験ではなさそうだったから、あまり野性号が作家的な役に立ったとも思えない。

私は乗船していなかったが、韓国側の海域では、ベテランの漁師さんが櫓《ろ》を漕《こ》いだという。片側四人ずつ、計八丁の櫓で、速度は2ノットほどだったという。玄界灘では日本側は、山口水産高校の学生が片側七人ずつ、計十四丁のオールで漕いだが、同じ2ノットほどである。櫓と言うと古めかしい印象だが、引く動作と押す動作が、共に推進力になる。オールは、引く動作しか、役に立たない。つまり、櫓四丁がオール七丁に相当するわけだ。日本では、装飾古墳や銅鐸の絵などには、どういうわけかオールしか描かれていない。韓国には、櫓の絵があるからだという。

このプロジェクトに参加したことは、大いにプラスになった。まるで文化人類学のフィールドワークに参加したようなものだった。韓国側の名誉隊長は、世界的に有名

な考古学者の金元《キムウォン》 龍《ニヨン》博士。日本側の名誉隊長は、九州大学の岡崎敬先生。このお二人のシンボルのもとで、日韓それぞれの隊長がいる。韓国側は、金《キム》 鐘《ジヨン》 哲《チヨル》さんという方で、大邱《テーグ》の啓明《ケミヨン》大学の教授、ソウル国立博物館長などを歴任することになる。また、この金さんは、九州大学で岡崎先生に学んだこともある。日本側の隊長は、角川春樹さんである。

ところが、金さんと角川さんが、韓国海域でのことは知らないから、なにが原因か判らないが、顔を合わせるのも厭《いや》だという関係になってしまった。

航海して初めてわかったことがある

対馬の最北端の鰐浦《わにうら》では、野性号の寄港で、町中が大騒ぎになっていた。この国境の町が、これほど日本中の注目を浴びるのは、神功皇后《じんぐうこうごう》の三韓征伐の砌《みぎり》以来のことだというのである。これを聞いて、韓国側の日本語世代の人は、厭《いや》な顔をしておられた。

三韓征伐は、もとより伝説だろうが、当時、朝鮮の『三国史記』を読んで、戦後の反省史観ともいうべき考え方に疑問を持ったのも事実である。戦前の任那《みまな》日本府という存在は、戦後のマルクス主義史観のもとで、否定されていた。

しかし朝鮮側の記録にも、新羅の王都が倭人に包囲されたとか、あるいは新羅王子の未斯欣《ミサフン》が倭人のもとへ人質に出されていたとか、倭人のプレゼンスが大きかったことを示す記述がたくさんある。日本府というほどの規模でないにしても、倭人の権益が半島南部にあったことは間違いない。

鰐浦には、想定外で三日も留まってしまった。風と潮の具合が、手漕ぎの船には影響する。風待ち、潮待ちということをするからだ。倭人伝などで「陸行一月、水行二十日」などとあるのは、かならずしも実測の距離とは関係ないと判った。

古代人は、そうそうデジタルな距離感を持っていたわけではない。停泊した土地で、風待ち、潮待ちしたばかりでなく、土地の首長と意気投合して、ついつい長く滞在したということもあったにちがいない。小説家の発想をふくらませれば、土地の美女と出会い、我を忘れて居続けてしまうということも、充分ありえたろう。そういう日数も、すべて勘定に入っているわけだ。

ようやく出航したものの、問題はあった。日韓双方の隊長が反目しているから、周囲も気を使う。角川さんを船首の甲板に乗せたときは、金鐘哲さんは後方の甲板に乗ってもらう。つまり、顔を合わせないようにしたわけだ。ただし、これは、民族的な反目というわけではなかった。金さんは、岡崎先生の弟子だから、ここでは日韓が良い関係にある。また、角川さんは、金元龍先生と気が合うらしく、ここも良好な関係にある。

速度2ノットの原始力船だから、一日十時間も漕いでいる。説明が後になったが、日本海域では、オールの漕ぎ手の水産高校生は、七人ずつ三班二十一人いる。そのうち、左右のオールで、十四人が漕いでいるあいだ、残る一班の七人が休憩するというシフトになっている。それでも遅いから、対馬の東岸を南下するのに、何日もかかる。途中、最寄りの漁港などに停泊すると、土地の公民館のようなところで全員が雑魚寝《ざこね》する。日中は船上で、夜は公民館で、いつも一緒だから、プライバシーがなくなる。いつも良い顔ばかりしていられないから、本音が出てくる。日本人だろうと、韓国人だろうと、気の合う奴、気の合わない奴が、ひとりでに出来上がってくる。誰が悪いという話でもない。

私も、さる日本人とは、顔も見たくなくなった。しかし、意気投合した人もいる。写真家の三木淳《みきじゅん》さんとは気が合ったから、その後も著書を送りあったりして、親しくしていただけた。また、中央日報《チュガンイルボ》の李殷允《イウンユン》記者とは、ずっと家族ぐるみで付き合うことになった。李記者は、私より四歳下だから、日本語は判らない。オーストラリアに研修に行ったとかで英語がそこそこ判るから、私の韓国語で通じないときは、英語の助けを借りることができた。

日本初の実験考古学の試みは、成功裡《り》に終わった

野性号は、古代の船を復元したとはいうものの、安全性を見込んでいるから、かなり頑丈《がんじょう》に造られている。弥生時代の船はもっと簡単なもので、ときには沈むこともあったろう。沈んでは困るから、野性号は構造を強化してあるために、当時より重くなっているらしい。ここらの考証は、商船大学の名誉教授で、古代航海術の権威の茂《も》在寅男《ざいとらお》氏に依頼した。

茂在先生から教えられたことは、小説を書く際に、大いに役に立った。古代人は、航海術が稚拙《ちせつ》だったから、見えるところへしか漕ぎださないという。後に取材で訪れたが、釜山の南に影島《ヨンド》という島があり、市街地と橋でつながっている。島の北部は、造船所やら工場などがあるが、南端には太宗台《テジョンデー》という景勝地があり、その断崖から望むと遥か五十数キロ南方に対馬の島影が見える。確かに島が見えるから、そこへ向けて船出する目印になるのだ。

また、当時は、多少は遠回りになっても、海岸から離れないようにして、漕ぎ進んだともいう。舟が沈む可能性もあるから、万一の場合、岸まで泳ぎつけるようにするためである。

航海中、野性号は、ときどき漁船を捉まえて、潮目《しおめ》を尋《たず》ねることを行なった。潮目に逆《さか》らうと、いくら漕いでも進まないからだ。追い潮に乗ることが望ましい。すると、年配の漁師さんだと、もう二百メートル沖へ出ろといったふうに親切に教えてくれる。ただし、若い漁師さんでは、訊《き》いても無駄だった。年配の漁師さんは、かつて手漕ぎの船で漁に出たことがあるから、地元の海域の潮目を熟知している。追い潮でないと進まないことを、体験として知っている。しかし、若い漁師さんは、はじめから動力付きの漁船しか乗ったことがないから、潮目が判らないのだという。

対馬の東岸を南下したわけだが、なぜ西岸にしなかったのかという疑問もあった。西岸の浅茅湾《あそう》は、リアス式海岸が続く景勝地で、かつて幕末に帝政ロシアのビリレフ艦隊が占拠して、いわば島ぐるみ人質に取られたことがある。厳原《いづはら》の資料館で、面白いものを目にした。それは、セピア色のモノクロ写真だった。ロシア美人のヌードである。なんでも、ビリレフが、島主の宗氏《そう》にプレゼントしたものだという。一方では言うことを聞かないと、厳原を砲撃するなどと脅しながら、その一方ではヌード写真を贈ったりしている。硬軟ふたつの姿勢を使い分けるところが、帝政ロシアも芸が細かい。あまり面白いエピソードなので、ビリレフ艦隊の浅茅湾占拠とからめて『本邦泰西ヌード縁起』（角川書店刊）という中編小説を書いてしまった。

こんなエピソードがあるくらいだから西岸ルートも興味深いのだが、複雑な海岸線を避けて、野性号は東岸を選んだのだという。機会があれば、西岸ルートも試したいところだった。

島の南端に近いところに、豆酘という難しい地名がある。ここから壱岐《いき》が最短距離になる。のちに取材で訪れたのだが、豆酘は、古代の島にふさわしい場所で、日本の黒米の発祥地だという。黒米を炊いて神社に奉納する。後に黒米が入手困難になり、小豆《あずき》で代用したことから、お赤飯のルーツになった。現在、古代米として各地で栽培されている品種は、ここが元だという。

壱岐からは、北九州の東松浦《ひがしまつうら》半島を目指す。対馬、壱岐という島々を体験すると、『倭人伝』の記事が、ここまでは正確なことが判る。対馬は、山ばかりで自給できない。対馬とは対象的に、山とつく地名がないくらい平坦な島で、米を自給できる離島は、この壱岐の他は佐渡しかないと聞いた。

東松浦半島の突端に朝市で有名な呼子《よぶこ》港がある。その隣りの湾には、名護屋《なごや》城の跡がある。豊臣秀吉の朝鮮の役の基地となった場所である。これまで臨時の城のように考えられていたが、派手好みの秀吉が、臨時の城で満足するわけがない。発掘が進むにつれて、本格的な城郭だったと判ってきた。また、配下の諸大名の陣屋の跡には、能舞台などもあったことが確認されている。

町の有力者が、挨拶でこう言った。

「豊太閤、朝鮮征伐のとき……」

韓国側のメンバーは、嫌な顔をしている。対馬の鰐浦では、「神功皇后、三韓征伐」、そして、ここでは「豊太閤、朝鮮征伐」である。聞いている当方は、冷や汗ものだった。

野性号は、糸島《いとしま》半島の先端の呼子という湾で、計画を終えた。隣りの名護屋城跡を見学したとき、豊太閤の朝鮮征伐という表現が、韓国側から問題視されたいきさつについては前に触れた。実際、当時の私も、日本人の一人として反省したものだった。

ただ、日韓の関係は、たいへん巧《うま》くいっていた。金元龍先生は、もちろん戦前の日本教育を受けた方で、われわれ若い日本人にも、丁寧に接してくださった。まさに戦前の古き良き時代の日本人を見る思いだった。また、のちに九州大学の名誉教授となる西谷正《にしたにただし》先生は、私と同年であり、当時は若手の考古学者だったから、金先生を尊敬して長幼《ちようよう》の序《じよ》をわきまえて、振る舞っていた。

目的の邪馬台国が、そうそう簡単に見つかるわけもないが、野性号は日本最初の実験考古学の試みとしては、ともあれ成功裡《り》に終わった。呼子からは、ずっとサポートしてくれた百トンほどの船に曳航《えいこう》されて、志賀島《しかのしま》へ行き金印出土地点を見学してから、バスで福岡市内のホテルへ移動しパーティーを行ない、計画の終了が宣言された。

邪馬台国に関しては、その後も暇を見つけては各候補地ほとんどすべてを取材して回ったので、小説にもノンフィクションにも、使うことになった。卑弥呼が魏から授けられた『親魏倭王』の金印でも見つかれば事情が一変するだろうが、いわば壮大な夢のまま、議論が続いているところが面白いのだろう。

第六章

韓国に対して、いちいち反論すべきだ

日本の産業遺産登録に横槍を入れてきた

話は旧聞に属するが、おおかたの日本人が問題視していないので、ここで繰《く》り返して書いておこう。多くのメディアで取り上げられているが、世界遺産に登録された日本の産業遺産の件である。韓国が、日本の産業遺産の登録に関して、文句をつけてきた。なんと、強制連行という説明を挿入しろという、横紙破りとしか思えない難癖をつけてきたのである。

この件もそうなのだが、韓国に対して、黙っていては駄目なのだ。こちらが、好意、誠意のつもりで穏便に計らおうとしても、先方は、疚《やま》しい点があるから黙っているのだと解釈してしまうため、いっこうに恩義に感じないどころか、それを足がかりにさらに要求を拡大してくる。

とうとう、日本の産業革命遺産に強制労働を示す「forced to work」という一文を入れさせられることになってしまったのである。こういう暴挙を放置しておいてはいけない。当時、日韓は併合していたのだから、内地系日本人も朝鮮系日本人も、同様に戦時徴用によって、動員されたのである。動員令がかかったのは、大戦末期だけである。

繰り返すが、この戦時徴用を、強制連行というふうに捏造したのは朝鮮総連系の朴《パク》慶植《キョンシク》という評論家で、左翼のプロパガンダとして用いた用語なのである。韓国・朝鮮人は、日本を貶めるためなら、どんな捏造でも虚偽でも陰謀でも、使うことをためらわない。また、これに便乗して名を売ろうとする反日日本人が必ず現われる。これに対して、日本は、韓国を非難する挙に出たことがない。韓国は、益々増長して、反日をエスカレートさせるばかりだ。

と、単行本化に当たって、ここまで手を入れていたところ、はたして危惧した通り、新たな反日事案が発生した。「forced to work」という一文を入れさせられたとき、日本側は、いっさい抗議の声を発しなかった。つまり、韓国側に配慮したわけだ。これで、韓国側も気が済むだろうから、もう問題が顕在化することはないだろうと考えるのは、国際的には通用しない日本的な考えだ。あまりにも、無邪気すぎた。この一文を削除しないかぎり、日本としてもユネスコの分担金を拒否するくらいのことは、あえて主張しなければ解決しないのだ。

はたして、日本側の優しい対応を好機と見てか、韓国は、世界遺産に登録された〈軍艦島〉に関して、捏造に基づいて映画、絵本などトータルメディアを動員して、反日大攻勢をかけてきた。なんと、〈軍艦島〉を地獄島として描き、強制連行された幼い少年を、登場させたのである。軍艦島は、正規の炭鉱であり、その労働者は公募された。福祉施設などもあり、小学校すらあったほどで、強制労働をさせたわけではない。

繰り返すが、日本と朝鮮は併合関係にあったから、朝鮮在住者も日本国民であったわけだから、戦時動員ばかりでなく、自分から進んで炭鉱で働くため、内地に渡ってきた人々も少なくなかった。現在の考えで言えば危険な重労働に見えるが、それだけに炭鉱は、いい金になる職場だったのだ。

その証拠に、戦後も、炭鉱への出稼ぎは続いた。ただし、今度は日本ではなく、西ドイツ（当時）の炭鉱で、多くの韓国人が働いたのである。韓国人が、これを強制連行と呼ぶのを、もちろん聞いたことがない。ドイツは、日本と違って、ナチス時代から強制連行の本場であるが、相手がドイツでは捏造する意味がないからだろう。

たかが映画や絵本と考えて、たかをくってはならない。今度こそ、政府が主導して、韓国に抗議すべきだ。鄭大均氏の分析によれば、十二歳の慰安婦など、実在したわけがないのに、それが功を奏したから、その少年版をでっち上げたものらしい。当時を知る人々からも、少年労働者が、軍艦島の炭鉱で働いていた事実はないと、はっきり証言が取れている。

百済救援のために出兵した事実を忘れるな

厳重に抗議したうえで、それでも足りなければ、日本としても、相互主義の立場から、こういう要求をして見せたらどうだろうか。いわば、抱き合わせのように、世界遺産に認定された韓国の百済《くだら》関連遺跡に関してである。

「西暦663年、日本は、百済の要請により、救援のため派兵を行ない、唐・新羅と戦い、膨大な戦死者を出した」

この一文を説明文に挿入させるのである。これは、韓国の捏造と異なり、疑いようのない史実である。

教科書にも登場する「白村江《はくすきのえ》の戦い」である。百済《ペクチェ》王朝は、高句麗《コグリョ》、新羅《シルラ》と戦い、朝鮮史の三国時代《サムグクシデー》の一翼を担《にな》った。韓国のツタンカーメンと呼ばれる黄金文化で有名な武寧王《ムニョンワン》陵が発見されたのは、1971年のことである。しかしその後、百済は、高句麗の圧力を受けて公州《コンジュ》の都を維持できなくなり南方の扶余《プヨ》へ遷都するが、西暦660年、義慈王《ウイジャワン》のとき、唐・新羅の攻撃を受けて、いったん滅亡する。義慈王はじめ、王子の隆《リュン》、演《ヨン》、泰《テー》なども、大臣将士一万人以上とともに唐都長安に強制連行された。国が滅びると、王や貴族たちが、いつも強制連行される歴史なのである。

もう一度言う。日本統治下の戦時動員を、強制連行《カンジェヨネン》と呼んだのは、朝鮮総連系の評論家の朴慶植《パクキョンシク》氏であって、もともと色の付いた用語であることを、よく覚えておいてもらいたい。当時、日韓は併合していたのだから、本土の居住者も、朝鮮半島の居住者も、同じ日本人として戦時動員されたはずで、強制連行というのは史実を無視した虚構なのだが、一般の日本人は歴史に無知だからすぐ謝ってしまい、かえって、ことを面倒にしている。日本内地へ送られる朝鮮系の日本人たちが、会社の同僚から万歳で送りだされ、行き先の工場では、工場長が出迎えて、遠くから来た労《ろう》をねぎらったという。彼らも、同じ日本人として祖国のため、進んで働いたのである。強制連行には、ほど遠かったのだ。

ともあれ百済はいったん滅びるのだが、残党がパルチザンを展開して、かなりの失地回復に成功する。鬼室福信《クイシルポクシン》という将軍が、浮屠道探《プトトータム》という僧侶とともに唐の占領軍にレジスタンスを行なったものの、それだけでは正統性に欠ける。そこで、日本へ救援を依頼し、百済王子の帰国を求めてきた。

『日本書紀』では、扶余豊璋《ふよほうしょう》という王子が、人質《むかわり》として日本にいたことを記している。この百済王子が、ふたたび歴史の表舞台へ上ることになった。

中《なか》の大兄《おおえ》の皇子《みこ》（後の天智天皇）は、大化の改新の後、叔父の孝徳《こうとく》天皇、母親の斉《さい》明《めい》天皇などを即位させ、自らは、称制《しょうせい》という摂政《せっしょう》のような地位で、政治を行なっていた。斉明女帝は、飛鳥《あすか》に巨大な水路を造り、国民から『狂心《たぶれごころ》の溝《みぞ》』と呼ばれ、怨《えん》嗟《さ》の的《まと》になっていた。このような際、国民の不満をそらすため海外へ目を転じさせようとするのは、為政者の常套手段である。

朝鮮の『三国史記《サムグクサギ》』で扶余豊《プヨプン》と記される百済王子は、こうして、日本軍をバックに帰国することになり、中の大兄の皇子は、朝鮮半島への本格的な軍事介入に乗りだすことになった。日本最初の対外戦争である。日本は、この時と、元寇（13世紀）と、秀吉の役（16世紀）と、近世に至るまでたった三回しか対外戦争を経験していないという奇跡のような稀有《けう》な歴史を持つ国である。

扶余豊は、朴市《えち》の秦《はた》の田久津《たくつ》が、五千の兵士とともに、百済へ護送していく。また、十万本の矢が準備され、全国に造船が命じられた。前衛、中衛、後衛の三軍それぞれ九千人が、派兵されることになった。敵は宿敵新羅ばかりでなく、東アジアの超大国《スーパーステート》唐である。中《なか》の大兄《おおえ》の皇子《みこ》の覚悟たるや、第二次大戦の日本軍部の比ではなかったろう。

失敗に終わった、百済再興の戦い

しかし、再興百済の戦いは、巧《うま》くいかなかった。指揮系統が混乱したためである。新王扶余豊は、日本滞在が長かったから百済語も忘れていたろう。『日本書紀』に、この人物が、百済再興の戦い以外で登場する記事は、二つしかない。ひとつは、三輪山の麓《ふもと》で、日本最初の養蜂を行なったという記事であり、もうひとつは、武蔵《むさし》の国から珍しい白雉《しらきじ》が献上された際の記事である。扶余豊は、中国の故事を引いて吉兆と解釈してみせたため、朝廷は喜んで白雉《はくち》という元号を建てたという。

こうしたエピソードから見るかぎり、この扶余豊は、今で言う自然オタクのような人物で、軍事や政治に造詣があったとも思えない。

扶余豊は、慣れない山城の生活に嫌気がさして、平地へ拠点を移す。新羅が、この時とばかりに攻勢をかけてきたため、新王はほうほうの体《てい》で元の山城へ逃げ戻った。百済再興の功臣の鬼室福信《クイシルポクシン》としては、面白くない。

とうとう、王と福信の対立が決定的になった。王は福信を殺し、その肉を塩からにして食ったというから尋常ではない。目の上のたんこぶのような福信を、王みずから殺してくれたのだから、喜んだのは唐・新羅である。早速攻勢をかけてくる。

新王や日本軍の首脳は、錦江《クムガン》の河口へ出向く。増援の庵原《いおはら》の君《きみ》の一万の軍勢を乗せた船団を出迎えるためである。この河口のあたりを、白村江《はくすきのえ》と呼んだ。錦江は、総延長四百キロを越える大河で、信濃川より長い。取材に行ったことがあるが、この群山《クンサン》に近い河口のあたりは、黄海に面しているため、潮の干満の差が大きく、時に十メートルを越えることもある。そのため塩害も多く、今では錦江の本流に沿って、潮止めの水路を設けてあるほどだ。

日本側は、どうやら庵原の君の艦隊と間違えたらしいのだが、河口に突入してきたのは、唐の艦隊だった。あわてて漕いだらしいのだが、潮に逆らっているため、いっこうに進まない。

皮肉なことに、唐の艦隊の提督は、三年前、百済の第一次滅亡によって、唐へ強制連行された百済王子の扶余隆《プヨリユン》である。対するのも、百済王子の扶余豊である。漢族の歴史的な異民族統治法である。『夷《い》をもって夷を制す』という。異民族を利用して、異民族を抑えるのである。そうすれば、恨みは、直接に漢族に向けられることはない。

何万の日本人が死んでも、感謝はなかった

こうして、日本艦隊は全滅する。『日本書紀』によれば百七十隻、『三国史記』によれば四百隻が、炎上、破壊された。まさに古代版ミッドウェー海戦である。

一般に言われるように、「白村江の戦い」と言われるような局地戦ではない。唐・新羅を相手にした総力戦だった。二万七千人、あるいは、先遣隊五千と増援一万を別々に数えれば、実に四万二千という大軍を、朝鮮半島へ派遣した。当時の日本の人口が五百万人くらいだったとされるから、単純に現代と人口比で較べれば、百万以上の大軍を送ったことになる。

日本と百済合わせて、膨大な戦死者と捕虜が出た。なかには、大伴部《おおともべ》の博麻《はかま》のように、長いあいだ抑留されて、三十年後の持統女帝の時代に、ようやく帰国した武人もいる。いわば古代版の小野田寛郎《ひろお》さんのようなものだ。

敗退した日本軍の一部は、全羅南道に集結して、帰国する。同時に、数千あるいは数万に上る百済人も、日本へ亡命する。日本では、唐・新羅の連合軍の侵攻が、現実問題になる。中《なか》の大兄《おおえ》の皇子《みこ》は、対馬にのろし台を建てたり、大阪湾に高安城を築いたりしたほか、狭小な飛鳥では守りにくいため大津へ遷都する。本土決戦に備えたのである。

しかし、実際には、本土決戦には至らなかった。朝鮮半島では、唐と新羅が対決し、唐軍が敗退して、半島を去ったからである。

戦いの余波は、やがて壬申の乱へと続いていく。45歳で天智天皇が崩御すると、大友の皇子と、叔父の大海人《おおあま》の皇子《みこ》（天武天皇）との争いになる。白村江《はくすきのえ》の戦いは、朝鮮半島のことに介入すると、ろくなことにならないという最初の先例となる。いわゆる強制連行の比ではない。百済を助けるため、何万人もの日本人が犠牲になったにもかかわらず、なんの感謝もない。

その結果、多くの百済系の人々が渡来したのである。日本は、寛大な社会だから、こうした人々を、親切に受け入れたのだろう。

世界遺産に登録された百済関連遺跡群は、絢爛《けんらん》たる黄金文化を出土した武寧王陵のほかは、いわば亡びの文化である。なにもないに等しい。扶余の王都だった扶蘇山城《プソサンソン》にしても、滅亡の際に焼き払われたから、なにも残っていない。軍倉址《クンチャンジ》では、焼けて炭化した米が出土したというだけで、建物が現存するわけではない。

また、王が月見をしたとされる迎月台《ヨンウォルデ》、送月台《ソンウォルデ》なども、近くの廃寺の建物を移築したもので、当時のものではない。

さらに、定林寺址《チヨンニムサジ》の境内では、宝物《ポームル》（日本の重要文化財に当たる）の平済塔《ピヨンチエタプ》が、遺産に含まれている。これは、百済を滅ぼしたとき、唐の蘇定方《そていほう》将軍が、百済を平らげたとして建てた戦勝記念碑なのである。日本相手だと、ことあるごとに目くじら立てるくせに、中国が建てた戦勝記念碑は、臆面もなく不問にして、宝物として大切にするばかりでなく、世界遺産登録してはばからない。やはり、事大主義が残っているのだろう。不思議な国民性である。

東アジアの会では、この百済遺跡も含めて、韓国の遺跡めぐりも何度か行なっている。日韓古代史の啓蒙には寄与したことになる。

そのころ、東アジアの会は、講演会やら遺跡めぐりやらで、それなりに盛んになっていたが、だんだん事務局長Sの独断専行が、目立ちはじめてきた。私も、あるところまではSと共同歩調を取ってきた。しかし、いわゆる進歩的文化人のSにとっては、東アジア古代史は、単に売名の手段でしかなかったらしい。Sが、あまりにも韓国についてカッコ良すぎることを言うので、論争になったことがある。私は、韓国語でやろうと言ってみた。Sは、ただちに引っ込んだ。わざわざ韓国語まで習っていては、Sにとってはコスト的に引き合わなかったのだろう。

やがて、Sは不祥事を起こして退任することになった。ボランティアの会だが、つぶしたくなかったため、幹事会で推《お》されて、私が暫定的に事務局長を務めることになってしまった。Sは、陰に陽に邪魔をするようになった。自分で立ち上げた会を、私に奪われたように邪推したためらしい。結局、私は、Sを怒鳴《どな》りつけて、袂《たもと》を別《わか》つことになった。私は、残務整理のようなつもりで、一時、この会を預かることになったが、ワンポイントリリーフで、しかるべき幹事に後を託《たく》してようやく解放された。この「東アジアの古代文化を考える会」は、江上波夫名誉会長亡き後も、いまに至るまで活動している。

会は、東アジア的な視点で日本古代史を考えるという点で、シンポジウムや遺跡めぐりなどで、学界にも一石を投じた。文献史学者や考古学者、神話学者など、多くの専門家が顧問を引き受けてくださり、市民運動（国民運動）として定着していったのである。

第七章

韓《ハン》流スター探し

面白い体験ができた、自由だった頃の韓国

ここで、話題を変えて、70年代の韓国、日韓関係を、ざっと総括してみよう。日本では、あの大新聞が主導して、独裁政権扱いになっていたが、北朝鮮との関わりを除いては、韓国は相当に自由な国だった。フィリピンのミンダナオ島では、MILFというモロ族イスラム戦線が活動していた時期には、身体検査から始まり、望遠レンズまで調べられたことがある。それと比べれば、国防上の理由から、空港が撮影禁止になっているだけで、取材上の規制はないに等しかった。毎年数回ずつ通っていたのだが、いろいろな友人、知人など同行相手が代わるから、見て来る場所、会う人間も異なり、あれこれ面白い体験ができた。

旅番組の邪馬台国めぐり（?）という趣向で、壱岐、対馬など、あちこち五週にわたって出演した縁で、関西テレビの山崎一彦さんと、年齢が近いこともあって、すっかり仲良くなった。韓国で歌手を探したいからということで、同行をせがまれたのである。韓国人は、歌が好きだというようなことを、話しておいたことが効《き》いたのかもしれない。

行く先は、テレビ局でなければ、ライブハウスやディスコなどになる。いいガイドが見つかった。日本語はまったく判らないが、英語を話すから双方ブロークンでもコミュニケーションは取れる。ジニーと名乗りディスクジョッキーをやっている男だった。文化放送《ムナパンソン》で「ダイヤル・アフタヌーン」という番組のパーソナリティーを務めていた。

ジニーという芸名は、もしかしたら、李進《イジン》というような本名を、英語式に読んで、苗字と名前を逆にしたものかもしれない。この男、政府批判が大好きだった。韓国政府は最低の政府《ワースト・ガバメント》だと、口を開けば言い出す始末で、いくら英語でもこっちが心配になって、誰かに聞かれているのではないかと、あたりをキョロキョロ見まわしたほどだった。このころも、私は例の大新聞の独裁報道をおかしいとは感じながらもまだ毒されていたからだろう。ジニーの言動を、はらはらしながら眺めていたのだが、悪名たかいＫＣＩＡにしても、そうそう大勢いるわけではないから、市井の人々すべてを監視しているわけではなかったのだ。

ジニーは、「私は自由人《アイム・ア・フリーマン》」が口癖だった。また、「わが国の政府は、ジャズを理解しないからだめだ」とも力説した。そんなことを言えば、日本の歴代内閣も、みな失格だろう。人懐《ひとなつ》こい男で、山崎さんの要望に応えて、いろいろな業界人を紹介してくれた。

会って、会食した一人に、歌手の楊姫銀《ヤン・ヒウン》がいる。日本でもアメリカでも、1970年代には、プロテストソングが流行していた。アメリカでは、PPM（ピーター、ポール＆マリー）やジョーン・バエズの曲がヒットしていたし、日本では、ザ・フォーク・クルセダーズが、臨津江《イムジンガン》という朝鮮半島と関わりのあるヒット曲を歌っている。ただ、私が見かけたハングル表記では、韓国読みの臨津江《イムジンガン》ではなく、臨津江《リムジンガン》と北朝鮮読みになっていた。日本のプロテストソングの歌手でも、のちに若かったから操《あやつ》られていたと述懐する人がいたが、当時のトレンドには、北朝鮮シンパの左翼の意思が働いているケースも少なくなかったようである。はからずも、臨津江《リムジンガン》という北朝鮮の発音で表記されていたのは、韓国を貶め北朝鮮を賛美する仕掛け人の存在を推測させるものだ。

韓国も、日米のトレンドには敏感な国だから、彼女も、フォークソングの形で、訴えたのである。「朝露《アチム・イスル》」「ソウルへ行く道《ソウル・ロ・カヌン・キル》」など、今もレコード（死語か?）を持っている。

夕食を共にしながら、ヤン・ヒウンから聞いた話だが、考古学を専攻する大学生だった彼女は、発掘現場から、クラスメートが当局に連行される体験をしたことがあるそうだ。実際、彼女の曲も、長いあいだ発禁になっていた。

北の工作員侵入に対抗して行動する庶民

当時も今も、韓国は学生運動が盛んな国である。激しいデモの様子などが外国でも報道されるから、独裁政権への抵抗が、全国民の意思であるかのように誤解されがちだが、若者のもてあましたエネルギーのはけ口として、いわば年中行事のように行なわれているのだ。

韓国の学生運動を、とりわけ熱心に報道したのが、日本と北朝鮮だった。韓国の民衆、学生は、みな命がけで独裁と闘っていることにしないと、気がすまなかったからだろう。しかも、北朝鮮のようにデモをする自由もない国への批判は、わざと手控えるのである。このあたり、例の大新聞は、従軍慰安婦の例でもわかるが、疑似イベントを演出するのが得意だからいかにも芸が細かく、すっかり乗せられた当時の日本人は、みな信用したようである。

韓国は、若者が甘やかされる社会だから許されているものの、泣きを見た親たちが、逮捕された息子、娘をもらい下げに、警察へ日参するなどという事実は、ほとんど報道されなかった。

ほんものの独裁国家である北朝鮮でも、韓国の学生デモは、連日報道されていたのだが、そのうち、巷間《こうかん》の噂が広まり、中止されるようになった。テレビの官製ニュースを見て、北の民衆が、ひそひそ話をするようになったという。それまで北で流されていた韓国のシーンは、意図的に古いものばかりだった。朝鮮戦争の直後の映像が、現在の韓国として紹介されることも珍しくなかった。韓国は、乞食と売春婦ばかりの貧しい国だと、国民をたばかってきたからだ。

しかし、韓国のデモのシーンを見た北の民衆のあいだに、ある疑問が、わき始めた。デモに参加している学生の服装が綺麗《きれい》すぎ、背景の建物が立派すぎるというのだ。北の当局は、背景となる町並みにボカシを入れて報道していたが、そのうちデモの報道を、古いシーンに入れ替えて放送するしかなくなったというのである。

当時、ソウルでは、夜間通行禁止が行なわれていた。英語でCurfewという。この単語をジニーに教えてもらったときは、通行禁止《トネンクムジ》と、韓国語で翻訳してもらわないと判らなかった。あとで辞書を引いてみると、晩鐘《ばんしょう》という本来の意味から転じて、夜間通行禁止という意味になったものだと知った。晩鐘が鳴ると、中世のヨーロッパでは、城門が閉ざされてしまうかららしい。

当時、北朝鮮の工作員が、侵入する事件があいついだ。そのため夜十二時から朝四時まで、路上を通行してはいけなかったのだ。最悪の場合は、軍に射殺されると、脅かされた。つまり、十二時までに帰宅するか、あるいは朝四時まで、どこかで時間をつぶすしかないわけだ。路上は通行禁止でも、店舗の営業が禁止されているわけではない。南山《ナムサン》の麓《ふもと》には、終夜営業のクラブやディスコが繁盛していた。

庶民も、連携して対抗策を考える。こうした店は、軒下でつながっている。公道を通行しなければいいわけだから、軒下を伝わって、はしごも可能になる。私も駄弁《だべ》りながら、朝まで時間をつぶしたことがある。こちらも若かったから、ジニーが連れてきてくれた女子大生と、ディスコで踊ったりしていれば、あっという間《ま》に朝になる。朝は、バブル期の銀座の十二時過ぎのようなタクシーラッシュになる。通行禁止が解けて帰宅する人々も少なくないからだ。

日本人は皆、あの大新聞に洗脳されていた

こうしたところにも、南北の厳しい分断状況が反映しているのだが、庶民はそれなりに楽しんでいた。ここのところが、いくら説明しても、なかなか日本では理解されなかった。韓国の大学生と徹夜で、深夜ディスコで踊っていた話をしたところ、日本の若い友人は、まったく信じてくれなかった。

やはり、例の大新聞の巨大な権力と権威のせいで、みな洗脳されたような状態だったのだ。このところ、なにやら、慰安婦報道の非《ひ》を認めたとして、同情するような報道姿勢が他社のメディアにも見られるが、とんでもない話だ。

なにしろ相手は、日本の名誉を全世界にわたって、泥にまみれさせたほどの、国家

をも凌《しの》ぐ巨大な権力機構である。今も、日本を貶めるため、日夜、精励《せいれい》努力している。

ケーススタディーとして、あの新聞が、北朝鮮を美化した時代のことを、思い出してもらいたい。また、知らない世代は、どうか知る努力をしてほしい。あの新聞の言う通りにしたら、ナチス賛美から三国同盟に発展し、とうとう第二次大戦に突入してしまった。あの新聞の言う通りにしたら日本は、ろくな目に遭《あ》わないのだ。

話が横道にそれたようだが、無関係ではない。ヤン・ヒウンのプロテストソングが流行《はや》った時代的な背景には、日本の影響がある。あの新聞が、北朝鮮を美化する報道を垂れ流していたので、それが韓国に影響を与えたのである。あの新聞は、日本の世論ばかりでなく、韓国の世論すら操作できる巨大な権力を、当時も今も温存しているのだから、ここが恐ろしい。その結果、それまでの学生運動が、もっぱら軍政への反発から起こったのと比べると、しだいに北朝鮮に淫《いん》したような方向性を持ちはじめたのである。しかも、その影響は、今も厳然《げんぜん》と残っている。

当時も、韓国人は、反日ではあったが、日本統治時代を体験している世代が健在だったから、現在のようにバーチャル世界の悪逆非道《あくぎゃくひどう》な日本人を想定した反日ではなかった。

しかし、朝日、岩波などの北朝鮮報道が密《ひそ》かに韓国に持ち込まれ、学生のあいだで翻訳され回覧されるようになると、北朝鮮が素晴らしい国だと信じこむ層が増えてきた。韓国では、金日成に言及することは禁物だが、日本から持ちこまれた資料には金日成の抗日義勇軍のことが書かれていた。韓国は、日本の敗戦によって他動的に独立を回復したのだが、北朝鮮は金日成が自ら独立を戦いとったことになっている。実際は、抗日義勇軍そのものが、プロパガンダにすぎないのだが、日本人に言われると、逆に信用してしまうようなところが、韓国人には少なからず見受けられる。

北寄りになっていった韓国の学生運動

やがて韓国の学生、インテリ層は、北朝鮮に対して、一種の引け目を感じるようになってくる。北朝鮮が、自力で独立を勝ち取ったとすれば、韓国の正統性《レジティマシー》が揺らぐことになる。こうして、韓国の学生運動は変質していった。運動圏《ウンドンクォン》という単語が生まれ、主思派《チュサパ》というグループが、実権を握るようになる。金日成の主体思想《チュチェササン》を奉じる一派である。

こうして韓国の学生運動は、北寄りになっていく。この世代が、社会へ出ると、さらに混乱が拡がる。教員を志す人々が多く、全教組《チヨンキヨジヨ》という北寄りの組織が、教育を支配するようになり、今に至っている。高度成長によって、経済的な力をつけて来た韓国人が、あの破綻《はたん》した経済の北朝鮮を、どうして美化するのか不思議だが、日本のマスコミの影響ばかりでなく、ものごとを検証することなく、主義主張に合わせようとする国民性によるところ大だろう。

山崎さんの韓国タレント発掘の希望は、その時点では叶わなかった。いろいろなタレントに会ってみたのだが、ディレクターの目で見ると、あれこれ不満もあったようである。同席していて、ひとつだけ面白いエピソードがあった。キム・セハンという若い歌手だったが、日本へ招こうと思ったのか、先方のディレクターも一緒に呑んで、あれこれ話し合ったときのことだ。山崎さんが、彼のギャラを単刀直入に尋ねた。すると、キム・セハンの答えを聞いて、山崎さんが、突然叫んだ。

「あれ、この人、日本語で答えた！」

「えっ！」私は、訊きかえした。

「だって、ディレクターが、いるんでよ、って答えたぜ」

そのとき、キム・セハンは、韓国語で答えたのだ。正確に仮名表記することは難しいが、こう言ったのである。「ディレクトー・ガ・イヌンデヨ（ディレクターがいますから）」つまり、ギャラのことは答えにくいということだった。それが、ディレクターがいるんでよ、と聞こえたのである。「なんとか、でよ」という言い方は、日本語ではぞんざいな口調になるが、イヌンデヨは、いますからくらいの丁重さである。なにが言いたいかというと、彼の答えを、山崎さんが日本語と錯覚して理解したくらい、日本語と韓国語が似ているということで、説明してやると、彼も驚いていた。その後、キム・セハンが来日したわけではないから、残念ながらうまく運ばなかったのだろう。

韓流タレントの招聘は、今では珍しくなくなったが、実現しなかったものの、当時としては先見《せんけん》の明《めい》があったわけだろう。

なんどか会ったものの、このジニーとは、ある訪韓の後は、連絡が取れなくなった。あちこち聞きあわせてみると、マリファナ不法所持で追放されたというのである。日本では、江戸時代には江戸所払いという刑があった。今もあるかどうか知らないが、当時のソウルには、人口集中の抑制のため、ソウル所払いのような刑罰があり、ジニーはどこかの地方へ追いやられたという。

第八章

韓国家族旅行

顰蹙《ひんしゅく》を買っていた妓生《キーセン》観光の時代

韓国へ家族を連れて行くようになったのは、1976年からである。これには、いくつかの動機があった。最初、当時の金浦国際空港で韓国の大学生のインタビューを受けたことが、きっかけだった。日本語の達者な学生グループが、日本人と見るとアンケートを要求しているところに、たまたま行きあわせた。韓国における観光アンケートと銘打《めいう》ってあったが、質問条項のなかに、韓国女性をどう思うかなどの設問があり、いわゆる買春観光に関わったかどうか、尋ねる一項があったのである。

こちらが、ある程度は韓国語を解すると知ると、まるで日本政府を代表する人物であるかのごとく、日本人男性の妓生《キーセン》観光を弾劾《だんがい》する激しい言葉を浴びせられた。

当時、日本人の海外旅行が大きく増えた時期で、近くて手軽な韓国旅行が人気になった。現在と異なり、韓国へ出かけるのは男ばかりで、妓生《キーセン》観光と呼ばれていた。当時、そういう言葉はなかったが、今も問題視される買春旅行である。

そもそも妓生《キーセン》とは、朝鮮王朝からの存在だが、日本人が江戸時代の吉原《よしわら》の遊女のようなものと思っている娼婦とは、いささか異なる。妓生とは、主として中国から来る使節を饗応するためのものだった。いわば、外務省の職員のような資格だったのだ。

朝鮮歴代の王朝は、貢女《コンニョ》と呼ばれる女性たちを、中国に差し出すことによって、ずっと国を維持してきた。モンゴルの元《げん》の侵略によって、良家の婦女を略奪されるという悲しい歴史があったのだが、以後、明《みん》、清《しん》など歴代の中国王朝に対して、毎年美人を献上することで、宗主国である中国からの干渉を最小限に抑《おさ》えようとしたのである。

また、こっちから献上するだけではない。朝鮮にやってきた中国の使節は、天使《チョンサ》と呼ばれ、手厚くもてなされた。妓生をあてがうのも、そうした接待の一環だった。そのため妓生は、中国語に堪能で詩歌《しいか》管弦《かんげん》の道に秀《ひい》でたインテリで、しかも美人でなければいけなかったのだ。また、朝鮮人を相手にする際には、支配階級である両班《ヤンバン》が対象だった。このあたり、韓流歴史ドラマの定石になっている。

こうした伝統は、現在も売春大国と呼ばれる韓国に、りっぱに生きている。日韓双方に、複雑な事情がからんでいた。きれいごとを言えば、そういう不純な動機で旅行することは、責められることかもしれない。しかし、当時、韓国の政治家のなかにも、外国人——当時は主として日本人から、外貨を稼いでいる彼女たちを、称賛するような発言すらあったくらいで、モラルの問題だけでは片づけられない事情もあったのだ。そのころ、日本と韓国の格差は大きく、海外で羽を伸ばそうという日本男児も少なくなかったからだ。

批判を恐れずにあえて言えば、こういう買春観光にも、あるメリットがないわけではなかった。男に限るのだが、多くの日本人が、本物の韓国を知るようになったからだ。例の大新聞が報道するような独裁政権の下《もと》で人民が呻吟《しんぎん》しているアンチユートピアでない、本物の韓国が日本人の視野に入ってきたのだ。

〈チョッパリ〉と〈倭奴《ウエノム》〉

ただ、何度か訪韓しているあいだに、空港のロビーなどで、日本人の団体客に出会うことも少なくなかった。そうした男ばかりの団体客は、昨夜の女がどうのこうのと、傍若無人《ぼうじやくぶじん》に話している。まわりの韓国人は、当時は、日本語世代が多かったから、眉《まゆ》をひそめている。なかには、吐き捨てるように、日本人への差別用語を口にする人もいるくらいだった。

まず、チョッパリだが、韓国語でチョクは〈割れた〉、パリは〈足〉という意味である。なぜ、日本人が〈割れた足〉かというと、戦前の日本人は、たいてい下駄や草履を履《は》いていたから、鼻緒《はなお》のところで足指が、親指と他の四本のあいだで、左右に分かれる。これが、牛のような偶蹄類《ぐうてい》の蹄《ひづめ》を連想させることから、〈チョッパリ〉という差別用語になったのである。つまり、日本人は人類ではなく、畜類ということになる。

また、〈ウェノム〉という差別用語もある。ひところ〈倭奴〉という漢字を当てている表記法もあったが、韓国は漢字の訓読みを廃止しているから、意味は同じだが、あえて漢字表記すれば〈倭ノム〉とでも書けば、間違ってはいない。英語のジャップのような差別用語になる。

しかし、妓生観光の日本男児は、差別用語で呼ばれていても、さっぱり判らないのだから、おめでたい話だ。

また、免税店のお姉さん方からも、ぼやきを聞かされたことがある。当時、私より年長の女性が、若い店員の日本語指導を兼ねて、たくさん働いていた。お土産《みやげ》と言えば、名産の紫水晶《アメジスト》、螺鈿《らでん》の漆器、高麗人参、ビーズのハンドバッグ、ヤツメウナギの革製品、絞り染めの生地など、日本では労賃の関係で引き合わなくなった製品が多かった。

ついでながら、私が身を置いたアニメ業界でも、日本の人件費の高騰から、『コンバトラーV』のように韓国で制作された作品が少なくなかった。そのころ、韓国へ技術指導に行ったアニメーターから、想い出話を聞かされることも少なくなかった。アニメの技術指導は、まさに天国のような体験だったらしい。高額の謝礼付き、ご馳走付き、豪華マンション付き、だけではない。なんと美女付きという厚遇もあったという。まさに現代の貢女《コンニョ》である。こうして、韓国は、他の多くの技術分野と同じく、日本からアニメ技術を手に入れたのである。

免税店の小母《おば》さんの思い出

何度か通って顔馴染みになった免税店の小母《おば》さんは、日本統治時代に女学校を出たという。戦前、女子の高等教育といえば、日本本土でも朝鮮でも、女学校までがふつうだった。その人の同級生の多くは本土から来た人々だったから、終戦とともに日本へ引き揚げてしまった。たまたま連絡が取れて、ソウルで同窓会を催《もよお》すことになったところ、かなりの人数の友人たちが、わざわざ日本から駆け付けてくれ、旧交を温めたという。私より十歳ほど年長の女性は、いかにも韓国人らしく感激を露《あら》わにして語ってくれたものだった。戦前の日本統治を知る人々は、プライドの問題として、反日を掲げることはあっても、現在のように日本を敵視・憎悪することはなかった。

こうした日本語世代の彼女たちが、よくぼやいていた。日本から男の観光客しか来ないから困るというのだ。バッグにしても、絞り染めの生地にしても、アメジストにしても、男には値打ちが判らない。たまには、日本に残してきた奥方に、妓生観光で申し訳ないと思う亭主族が、お土産に買って帰ることもあるものの、本当は日本女性に韓国観光を楽しんでもらいたいのだという。女でないと、それらの品がどれほど日本より安く、お買い得か、判らないというのである。

あれこれ事情が重なり、家内も韓国へ行きたがっていたので、夏休みを利用して、当時、小学生、幼稚園児だった子供たちも連れて、一家五人で韓国へ行くことになった。ガイドブックで調べると、釜山の近くの海雲台《ヘウンデー》という海水浴場が面白そうだということになり、行ってみた。

そのころ、現在の金海《キメ》国際空港は建設中で、海雲台のすぐそばに、戦前の日本軍の滑走路を利用した水営《スヨン》空港が、釜山の国際空港として使われていた。滑走路のど真ん中に国道が通っているので、旅客機の離着陸のときだけ道路の両端に踏み切りのような横木が降ろされて交通を遮断する。タクシーで通りかかり、停止させられて、子供たちもびっくりしていた。目の前を旅客機が、離着陸するからだ。便数が少なかったから、それでも、間《ま》に合っていた。なんとも長閑《のどか》な時代だったのだ。

今でこそ、豪華ホテルが建ち並び、高級リゾート地となっているが、当時の海雲台は、ちゃんとしたホテルといえば、われわれが泊まったパラダイス・ホテルのほかわずかしかなく、近くには、焼き肉屋、海鮮料理屋などが、雑然とひしめいていたから、一家五人、安く韓国料理を楽しめた。人間の味覚は、小学校入学以前に決まるという。長男だけは、現在にいたるまで嫌いで通しているが、娘と下の息子は、すっかりキムチにはまってしまった。私は元より、家内もキムチ大好き人間になった。やがて、家内は、キムチ研究家と称するようになり、やがてキムチの本を二冊も上梓することになる。

また、免税店へ行くと、はたして家内は大歓迎だった。日本人の女性客など、めったに来ないからだ。年配の店員も、得意の日本語で、熱心にみやげ物の説明につとめる。絞り染めだの、アメジストだの、ヤツメウナギの財布《さいふ》など、たっぷり買わされる羽目になった。

黒田勝弘さんが、いみじくも韓国病と名づけたように、一家で韓国病にかかったことになる。海雲台での夏休みは、こうして、大成功に終わった。

家庭の中には男尊女卑の名残りがあった

翌年は、野性号のとき知り合った中央日報《チユガンイルボ》の李殷充《イウンニユン》氏に、あらかじめ連絡しておいた。ちなみに、中央日報社は、三星《サムソン》財閥系の新聞で、朝鮮日報《チヨソンイルボ》、東亜日報《トンアイルボ》と共に、保守系の三大紙とされるが、それほど政治色はなく、むしろ文化面に強いという定評がある。この李氏も、取材したドキュメンタリーを一冊にまとめた『韓国仏教の現住所』という著書を出している。

あれからソウルへ行った際、この李氏とは、一度、食事と酒を共にする機会があったが、今回は家族で行くと言うと、一緒に海水浴へ行かないかと誘われた。OKの返事を出しておいたところ、空港へ着くなり李氏の部下、たしか車《チャ》さんという人が出迎えてくれた。李氏本人は、取材の仕事があったので来られないということだが、日本では考えれない対応だった。公私混同でもあり、そこまでする必要もないが、これが韓国式歓待《コリアン・ホスピタリティ》（Korean Hospitality）というものかと、感心させられた。何度も書いているが、朝鮮半島は、ほぼ二千年間に、九百六十回も、異民族の侵略を受けている。たとえ相手が外国人でも、なるべく沢山の人脈を作っておくほうが、まさかのときの役に立つと考えるのである。

翌日も、李氏は取材から戻らなかったが、昨日の車《チャ》さんが、ホテルへピックアップに来てくれた。李氏が作ってくれた当方の滞在予定表《アイテネラリー》を手渡された。うちの子供たちに向けたプログラムを用意し、部下に案内を命じておいてくれたのである。その日は、この部下が「子供大公園《オリニテーコンウオン》」へ連れて行ってくれるという。

海水浴場へ出かけるのは、明日である。一日空《あ》いてしまうので、この日の予定を立ててておいてくれたわけだ。こちらも、初めてソウルを訪れる家族に、あれこれ連れて行くところを考えていたのだが、李氏の好意を容れて、「子供大公園《オリニテーコンウォン》」へ連れて行ってもらうことにした。わざわざ城東区《ソンドンク》のほうまで行ったものの、日本の遊園地と比べればさしたる施設もなく、炎天下で暑いばかりだった。

このあたり、日韓の文化の差である。韓国式の気配りなのだが、日本人から見ると、押し付けがましく、強引に過ぎるようなところが出る。その夜は、李さんも戻り、自宅へ招かれた。李家の子供たち三人も、わが家の三人と同年輩だったから、顔見世のような機会だったが、うちの家内のカルチャーショックは、李家の奥さんのことだった。豪華な食事を用意してくれたわけだが、料理を運んでくるとそのまま奥へ引っ込んでしまい、会話に加わらないのである。家内は、封建的だという印象を持ってしまったが、あながち間違いではない。かつての儒教による男尊女卑が、今も生きている社会なのだ。

翌朝、高速バスで、李家の五人家族といっしょに、海水浴に出発。高速バスは、天《チヨ》安《ナン》インターチェンジで、一般道に下りた。天安には、当時は、悪名高い〈独立《トウンニプ》記念《キニョン》館《グァン》〉は、まだなかった。

のちに訪れることになったが、本当に酷《ひど》いものである。日本官憲によるものとする実物大の拷問ジオラマなど、いったい子供たちに見せて、どういう教育効果があるというのだろうか。民族意識を涵養《かんよう》する以前に、単に対日憎悪を煽るだけでなく、猟奇的な変態を育てるだけだろう。日本世代の人々が、社会の第一線にいた時代には、こんなものを作らせないという良識が働いたのだが、現代の韓国は、国ぐるみの反日に、どっぷり浸《つ》かっている有様である。

ともあれ、黄海沿岸へ向けて、一般道を延々と西へ走り続ける。のちに取材で再訪することになるが、温陽《オニャン》温泉の近くを通りかかる。顕忠祠《ヒョンチュンサ》があり、秀吉の朝鮮の役で、日本と戦った李舜臣将軍を祭っている。参道に〈厳粛《オムスク》に〉と書かれているのが印象的だった。李舜臣は、戦前の日本海軍でも、英雄として称えられていた。日本と朝鮮は、併合関係にあったから、本土の英雄たちと同じ扱いだったのだ。あの東郷元帥も、李舜臣提督を、同業の先輩として尊敬していたそうである。こちらも、日本人の寛大な民族性だろう。

それはともかく、この先、黄海に面した半島部分は、のちに面白い題材を見つけたので、取材に行くことになるのだが、最初は、海水浴で出かけたのが、きっかけだった。

『アドベンチャー明治元年』(角川書店刊)に書いたことなのだが、あまりにも面白い事件なので、あらましを紹介したい。明治元年(1868年)、大院君《テーウオングン》によるキリスト教徒の弾圧、いわゆる教難《キヨナン》で、上海へ逃げてきたフランス人のフェロン神父が、ヨーロッパ人の租界《そかい》である計画をもちかけ、出資者と同行者を募る。大院君の父親の墓所を知っているから、その墓を暴《あば》いて財宝を手に入れ、遺骨を盾に取り、朝鮮を脅迫しようというのである。人一倍、孝道に篤《あつ》い大院君は、父親の遺骨を人質《じち》ならぬ骨《ほね》質に取られては、要求に従うしかないだろう。

というわけで、ドイツ人オッペルト、アメリカ人メラー船長などが加わり、多国籍遠征隊が二隻の船を仕立て牙山湾《アサンマン》に入り、小艇に乗り換えて川を遡り、上陸して大院君の父親にあたる南延君《ナミヨングン》の墓を暴こうとする。しかし、うまくいかない。

万全の計画が、最後で挫折する。彼らは、墓暴きに使うため大量の金梃《かなてこ》を用意してきた。王家の墓所ということから、ヨーロッパの納骨堂のようなものを連想したらしい。しかし、日中韓、東アジアでは、墓所は、盛り土してある。封土を取り除かないかぎり、埋葬主体部にはたどり着けない。しかし一行は、スコップやシャベルの用意がない。そこで、近くの集落を襲い、鋤《すき》や鍬《くわ》を奪って、封土を取り除《の》け始めるのだが、朝鮮の正規兵が駆けつけたため、やむなく応戦しながら撤退するにいたった。これが、ヨーロッパ人の独善の限界である。

世は、まさに帝国主義の全盛時代だった。それにしても、ヨーロッパ列強が、私的な資金で遠征隊を仕立てて、墓暴きの侵略に乗りだすというのだから、たいへんな時代だった。私も服部之総《はっとりしそう》氏の著書で知るまでは、こんな史実があったとは知らなかった。この事件から七年後、明治八年、江華島《カンファド》の草芝鎮《チョジジン》の砲台が、日本軍艦雲揚《うんよう》号によって砲撃され、隠者の国（Hermit Nation）と呼ばれ、鎖国状態だった朝鮮王朝は開国に追い込まれる。

海水浴で知った——子供たちには国境はない

　またまた脱線したが、海水浴の話に戻ろう。ソウルから近い黄海側では、戦前の日本統治時代から知られている万里浦《マルリポ》という海水浴場が有名だが、三星グループが新たに恋浦《ヨンポ》という海水浴リゾートを造成したので、そこへ行こうというわけだ。李さんは、三星系の中央日報の記者だから、グループの厚生施設として利用できる。李さんの顔で、われわれ豊田家も一緒に、当時の物価の購買力平価を考えても、かなり割安に同行させてもらえた。

　開発中のリゾートだけに、まだアクセスは、よくなかった。かなり未舗装の道路が続き、子供が車酔いしそうになったので、ガイドの女の子に訊いてみた。あと、どのくらい舗装してない道路が続くのかと尋ねてみると、妙な返事が戻ってきた。日本には、未舗装《ミポジャントーロ》道路はないんですね、と訊き返された。そんなことはない。私が、趣味のバイクのツーリングで行ったところ、北海道では、国道ですら未舗装のところが少なくなかった。韓国人の日本観では、この種の必要以上に日本を買いかぶった反応に、出くわすことが少なくない。

ともあれ、美しい湾に到着した。海岸には、プレハブのようなコテージが建ち並んでいて、その一つが、我が家に充てがわれた。中は、簡単な台所とプロパンガス、それにベッドルームという造りで、施設が完備しているとは言い難かった。コテージの前に、プールサイドなどにあるようなアルミのフレームに布を張った、リクライニング付きの椅子《いす》がある。デッキチェアというものだろう。子供三人をダブルベッドに寝かせ、われわれは、デッキチェアに寝ることになるだろう。

近くにビーチハウスがあり、出前をしてくれる。オムライスを頼んだ。韓国人は、意識していないが、和洋食は、韓国の定番である。ヨーロッパへ行くと、洋食が食べたくなるという話がある。オムライスやカレーライスは、絶対にメニューにないからだ。その点、韓国では、日本式の料理はたいていあるから、ありがたい。

すぐ目の前の海で、李家の三人の子供たちと、わが家の三人が、遊び始めた。お互い言葉も通じないのに、子供は、すぐ打ち解ける。われわれ大人は、例のデッキチェアで、日韓の将来など、話し始める。夕刻になると、浜辺に漁船がやってきた。その日の獲物を売りにきたわけだ。大きなワタリガニが、一匹百円くらいで買えた。その夜は、カニとご飯とみそ汁だが、それなりに豪華な夕食になった。翌朝、子供たちの声で、外へ出てみると、驚かされた。

「海がなくなったよ！」

確かに、目の前にあった海が、見当たらない。よく見ると、はるか沖のほう、百メートルほども向こうに、海が見えている。

黄海沿岸の潮の干満の差を体験した最初だった。小説家にとって、無駄な体験というものはない。のちに、例の『アドベンチャー明治元年』や『白村江』を書くとき、役に立った。黄海沿岸の干満の差は、時に十メートルにも及ぶ。仁川《インチヨン》港など、湾内と外海の水位が異なるので、パナマ運河のような閘門《こうもん》を設けて、船の出港、入港を行なっているほどだ。潮位《ちょうい》の差は、朝鮮半島の南西では、珍島《チンド》の名物になっている。年に一度の引き潮のとき、聖書のモーゼの奇跡のように海が割れる現象は、最近は日本のテレビでも紹介されるようになった。その余波は、九州西岸の有明海にも及んでいる。

ただ、この恋浦海岸では、有明海のように泥の干潟になっているわけではなく、海底の砂地と岩が露出した形になるので、子供たちには格好の遊び場になる。引き潮から取り残された魚が跳ねていたり、岩場に貝が残されていたりする。貝を拾い集めて、李さんのお子さんが、「カイ」と言う。うちの子が、「チョゲ」と言う。つまり、遊んでいるうちに、日本語と韓国語の単語を交換しあっているのだ。コテージの近くは、小川が海に流れ込み、裏手は田んぼや林になっている。翌日は、さらに打ち解けて、海ばかりでなく、この小川や田んぼや林も、子供たちの行動範囲に加わる。うちの長男が、大きなトノサマガエルをぶら下げてきたので、家内は悲鳴に近い声をあげた。爬虫類、両生類は苦手なのだ。そのとき、うちの子が叫んだ。

「チャムケグリ」

「トノサマガエル」

間髪《かんはつ》を容《い》れずに、李さんのお子さんが続けた。わたしも蛙《かえる》のことを、韓国語でケグリというのは知っていたが、トノサマガエルまでは知らなかった。これには感動した。たった二日の間に、おたがい日韓の単語を交換しあっていたのだ。たった数日のことだったが、おたがい日本語、韓国語の簡単な会話が成立するようになったから、驚きだった。子供の脳は、なんでも吸収する海綿のようだと言われるが、確かにそのとおりだ。

その夏休みの宿題の自由研究で、長男は恋浦《ヨンポ》で買ってきた貝類標本の翻訳をやってのけた。もちろんその標本は、ハングルで書かれているから、長男には読めない。私が、発音は教えた。そこにある貝類を、日本の貝類図鑑で確認し、対訳したのである。お土産の標本では、特殊な固有種などは、含まれていないだろうから、おおよその動物相《フォーナ》はそれほど違わないはずだ。全部の貝が、日本にも棲息するものだった。学校に提出したところ、ユニークだということで先生に褒《ほ》められたが、そのあと思いがけない反応が、クラスメートから戻ってきた。

「やーい、朝鮮人」と、からかわれたのだという。子供の知恵でないだろうから、その話を聞いた親が、妙な知恵を授《さず》けたにちがいない。

日韓いろいろ問題はあるが、子供のことで、良い勉強をさせられた。おたがい知り合うしか、判りあえる方法はない。しかし、たぶん、今ごろうちの長男と同じ四十男になっている李家の長男も、周囲の大人たちから、すっかり反日を刷りこまれているのだろう。また日本では、長男のクラスメートのように、だんだん韓国・朝鮮に対する反感、蔑視観が育てられてしまうのかもしれない。

近くて遠い、という韓国観は、当時から実感できた。家内のママ友からも、ある質問が浴びせられたという。なぜ、ハワイやサイパンではなく、韓国で海水浴かというのである。夏の暑いさかりに、わざわざ熱帯へ行くことはない。盆地のソウルは別にして、韓国の海岸は日陰に入れば日本より涼しいのだと答えても、なかなか納得してもらえなかったという。

併合時代にも厳然としてあった秩序や連帯感

ともあれ、韓国での海水浴は、わが家の夏の行事として定着した。翌年は、江原《カンウオン》道《ド》の江陵《カンヌン》にある鏡浦台《キヨンポデ》というところに決めた。日本海に面した東海岸である。近くに東海《トンヘ》市がある。最近、韓国が、日本海という名称を否定し、東海《トンヘ》を採用するように各国に呼びかけているが、この東海市にしてからが町村合併でできた市でしかなく、また、日本海という呼称を強制したというのも、韓国人お得意の捏造にすぎない。

日本海は、明《みん》の『坤輿萬國全圖《こんよばんこくぜんず》』にも明記されている名称である。あの中国でも、朝鮮でも、日本海という名称を昔から使っていたのだ。日本では、こうした事実が教育の現場で教えられていないから、韓国人の歴史捏造に出会うと、簡単に謝ってしまったり、認めてしまったりする。ここが困りものだ。

海水浴の帰りに、近くの雪嶽山《ソラクサン》に寄っていくことになった。神興寺《シヌンサ》という名刹がある。近くには、揺れる岩《フンドル・バーウィ》という奇岩があり、ロープウェイが完備されているから、海だけでなく山の雰囲気も、子供たちに味わわせてやれると考えたからだ。神《シ》興寺《ヌンサ》の門前には、食堂やみやげ物店が、雑然とならんでいて、面白い場所だった。

雪嶽山《ソラクサン》観光ホテルで、わが家と同年輩の子供のいる女性に出会った。お爺さんも同行している。ここでも、子供同士が、ホテルの庭を駆けまわっているうちに仲良くなる。そこで、韓国語で話しかけてみると、その母親から、片言ながら日本語が返ってきた。日本から来たといったような世間話をしているうちに、その老人にも話しかけた。老人は、達者な日本語を話す。日本統治世代だから、当然だと思っていた。

やがて、ホテルの食堂で、いっしょにビールを飲むようになり、私は、その老人に韓国の魅力など、おおいに語ったものである。私は、そのときに気づくべきだった。その女性は、老人とは片言の日本語で話す。また、子供も、「ハラボジ（おじいさん）」とは、韓国語で呼びかけるが、やはり片言の日本語で話す。当時は、父親から日本語を習ったというような人も珍しくなかったから、老人が孫にまで日本語を教えてくれていることに、日本人として感謝したいくらいの気持ちだった。二日ほど両家で酒と食事を共にし、打ち解けたところで、私は名刺を差し上げた。すると老人は、退職した身なので、肩書きもなく名刺は失礼するというようなことを話した。

帰国してから、私は、その老人から手紙をいただき、仰天した。住所は、確か熊本県になっていた。最初は、どなたの手紙か判らなかった。差出人が、日本名だったからである。

雪嶽山《ソラクサン》のホテルで会った者だと自己紹介してから、あのときは、あなたが当方を韓国人だと思いこんでいるようなので、言いそびれてしまったが、私は日本人ですと続いた。韓国語は、あまり巧くないので、日本語で通したとあってから、あの女性と子供は、私の娘でも孫でもないと説明している。

そこからは、信じられないような事実が、書かれていた。老人の手紙では、あの母子は、ニューギニアで戦死した戦友の娘と孫なのだという。朝鮮人の戦友は、臨終《いまわ》の際《きわ》に、妻と幼い娘を頼むと、その老人に託したのだという。戦後、韓国は独立を果たして別な国になったが、老人は伝手《つて》をたどって、戦死した戦友の遺族を探し当て、ずっと面倒をみてきたというのである。戦友の妻は、すでに死去したが、幼かった娘も成人し、結婚した。生まれた子は、老人のことを、日本のお爺《イルボン・ハラボジ》さんと呼んで、懐《なつ》いてくれているという。

小説家は、嘘をつくのが商売だから、筆者がでっち上げたフィクションだと思われる読者がおられるかもしれないが、本当の話である。日頃からSF小説で、宇宙人の侵略など壮大なウソをついているから、ノンフィクションを書くときは、ホントをつくように努力しているつもりだ。

雪嶽山のホテルで会った旧軍の老人の話はなかなか信じられなかったが、その方が、わざわざ見ず知らずの私に嘘を言っても、なんの得にもならない。やがて、作品の背景として調べることがあり、洪思翊《ホンサイク》中将のことを知り、当時の帝国陸軍における内地系軍人と朝鮮系軍人の関係が、判りかけてきた。

山本七平氏の著書で広く知られるようになったが、洪思翊《こうしよく》中将は、いわゆる創氏改《そうしかい》名《めい》を行なわずに、朝鮮名のまま、大日本帝国の陸軍中将に出世した軍人である。この一事をもってしても、日本名を名乗らせたとする創氏改名が、強制されたものでなかった史実が、はっきりする。むしろ朝鮮系の人々が、日本名を名乗ったほうが便利だとして、自分から選択したケースのほうが多かったのだ。

中将といえば、一万人もの部下を持つような要人である。部下のほとんど全員が、内地系の軍人である。もし、朝鮮を植民地と考えていたとすれば、どれほど能力のある人物であっても、これほど枢要の地位に現地人を抜擢するはずがない。これも、現在、日本でも韓国でも、誤解や捏造の対象となりがちな史実である。当時、日本本土と朝鮮のあいだには、もちろん差異はあったものの、基本的に併合関係にあったわけだから、それなりの秩序も連帯感も存在したのだ。

独裁国家と対峙している海水浴場の緊張感

私《わたくし》ごとだが、最近、知己を得た碩学に、首都大学東京名誉教授の鄭大均《ていだいきん》先生がいる。編著『日韓併合期ベストエッセイ集』（ちくま文庫）が刊行されたばかりである。当時の内地系日本人、朝鮮系日本人のエッセイを収めている。こうした研究は、重要である。ごく普通の日本人、朝鮮人の関係があったにもかかわらず、今では日韓双方で歪められてしまったことが判る。

反省好きの日本人は、ともすれば「植民地にして済まなかった」史観に囚《とら》われがちである。相手の非を言挙《ことあ》げしがちな韓国・朝鮮人は「植民地で酷い目に遭わされた」史観に傾きがちである。この二つの史観が、裏表のように、妙に平仄《ひょうそく》が合ってしまうからいけない。

ここから誤解、捏造、反感が拡大再生産されていく。私のような中庸な立場の人間でも、こうした史観に毒されていった時期がある。このとき、私の目を覚ましてくださったのが、早稲田大学の名誉教授・鳥羽欣一郎《とばきんいちろう》先生だった。韓国にのめり込みすぎている筆者に、ブレーキをかけてくださった。鳥羽先生は、田中明《たなかあきら》氏などとともにに、早い時期のコリアウォッチャーとして、健筆をふるわれた。

たかが海水浴の体験だが、こうした収穫があるから面白い。雪嶽山のあたりは、山に飽きたころ、麓の洛山という海水浴場にも行けるので、特に気に入って翌年も行くことにした。ところが、行ってみると、神興寺と観光ホテルのほか、門前町が、まったく見当たらなくなっていた。汚い食堂で食べたシイタケ丼《ピョゴ・トッパプ》が美味《うま》かった。軒先にスルメをぶら下げた店や、土産物店、民宿など、雑多な雰囲気でにぎわっていたが、いっさい消失していた。ホテルで訊いたところ、遥か麓《ふもと》のほうに、政府の命令で観光団地が作られ、すべて強制的に移転させられたという。

なぜかと尋ねてみると、日本の影響だという。1972年、日本の軽井沢で、過激派が銃を持って人質を取って立てこもる「あさま山荘事件」が発生し、韓国でも大々的に報道された。その際、もし北朝鮮ゲリラが、人気観光地の雪嶽山付近に立てこもったら、対処しようがないと危惧が生まれた。そこで、政府の命令によって、数キロ麓のほうに観光団地が造成されて、街全体が移転させられたのだという。つまり、前年、わが家が訪れたのが、最後の門前町だったことになる。

北朝鮮という究極の独裁国家と対峙している韓国では、レジャーも国防安保と無関係ではなかった。江陵《カンヌン》から二駅ほど列車で行った望祥《マンサン》という海水浴場では、駅から浜辺まで、ロープを張った道しか、通ってはいけないと指示された。海岸のあちこちに、赤いテープで囲ってある場所は、地雷が埋めてあるという。また、浜辺から道路へ上がるガードレールの下には、割れたガラス片が、ずらりとコンクリートに埋めてあった。夜、侵入してくる北の工作員が、這い上がろうとして手をかければ、ガラスで手が切れるわけだ。また、盛り土した上に青いキャンバスシートが掛けてある場所は、機関銃座だという。何度も、工作員やゲリラの上陸を許した東海岸だけに、夜は、すべての海岸が出入り禁止になっていた。

古都慶州の東にあたる甘浦《カンポ》海水浴場では、文武王《モンムワン》の海中王陵があるので、取材のため海岸へ駆けだしたところ、後ろから誰何《すいか》され、呼びとめられた。振りかえると、うしろにトーチカがあり、M－2重機関銃が、私を狙っていた。

子供たちも、それなりに緊張を実感したらしい。安保法案というだけで、戦争をする国などというオーバーな反応が起る、どこかの国防音痴の国では知ることのできない良い教育ができたと思っている。

鏡浦台〜雪嶽山というコースは、門前町がなくなり落胆したので、翌年からは済州《チェジュ》島《ド》の咸徳《ハムドク》という海水浴場へ通うことになる。

韓国の海水浴場は、済州島《チェジュド》に落ち着き、その後、何年も通うことになった。咸徳《ハムドク》海水浴場は、遠浅の天然プールのようで、子供が溺れる心配がないので助かった。大型開発が行なわれる以前のことだから、素朴な雰囲気が残るいい時代だった。済州島の人は、韓国本土のことを陸地《ユクチ》と呼んでいるが、逆に本土からの差別もあるという。

大阪などは、済州島の出身者が多いが、先祖を祭る祭祀《チェサ》のやりかたなど、現代の済州島では失われた風俗が、そのまま残っていたりするので、ソウルの民俗学者が、わざわざ大阪の在日家庭へフィールドワークにやってきたりするそうだ。

ここ済州島と雪嶽山《ソラクサン》は、韓国の新婚旅行の二大観光地だった。当時、韓国は、まだ貧しく、よほどの所得のある人以外は海外旅行が許されていなかった。そこで、たまたまわが家が毎夏通うことになったこれら二つの場所が、ハネムーンのメッカとなったのだ。新婚カップルに頼まれて、なんどシャッターを押してやったか判らない。

第九章

本当の韓国を知らせたい

叩かれる韓国と、美化される北朝鮮

韓国の海水浴場については、その後、なんども原稿を書いている。日本航空や大韓航空のPR誌や、総合的な韓国紹介本の一章として、韓国の海水浴場を紹介してみたのである。私のなかで、ある種の使命感が芽生《めば》えはじめていたからだ。ふつうの韓国が、日本では、ほとんど紹介されていなかったせいである。

海水浴場は、普通の韓国の一例にすぎないが、日本での報道では、韓国人民は、こぞって独裁と闘っているようなイメージしかなかった。普通の韓国を日本の読者に知らせたいという欲求が、強くなってきた。

日本での報道では、独裁政権と、それと戦う人民という、ステレオタイプの疑似イベントしか伝えられていないのだ。そうでない韓国報道が、まったく空白になっているので、本当の韓国について、あれこれ書きたくなった。そのとき、相談したのが、講談社の少年マガジン編集長の内田勝氏だった。たまたま連載していたSF絵物語の件では、繰り返し書き直しを命じられ、ずいぶんとしごかれた鬼編集長だったが、なんにでも興味関心のある幅広い人だったから、話に乗ってくれると考えたのだ。

「えっ、何で韓国ですか」

さすがの内田氏も、最初は二の足を踏んだものである。そのとき、私は、韓国の面白さを、しつこいくらい喋りまくった記憶がある。やがて、内田氏も、私に洗脳されたと見え、韓国に興味を持ちはじめた。

内田氏は、少年マガジンの出版部数を拡大し、少年週刊誌ブームの仕掛け人となったが、また、講談社きっての韓国通ともなる。内田氏が手がけた大判のムック『韓国の本』では、歴史や遺跡に関する章を私が担当したが、国別のムックの走りとなった。内田氏は、韓国演歌・ポップスの大理解者になり、また、講談社に来た韓国の研修生の面倒をみたりして、おおいに日韓親善に尽くした。

しかし、独裁政権と抵抗する人民という図式的な韓国報道は、いたるところに蔓延《まんえん》していた。連載していたさる男性誌の編集部へ行ったときのことである。隣りの週刊誌の編集部の声が、聞くともなく、耳に飛びこんできた。

「おーい、次の特集なあ、もっと良い韓国叩きのネタは、ねえのかい？」

はじめから、韓国の独裁政権を糾弾するという編集方針なのである。こちらもマスコミで生きてきたから、この世界、受けるか受けないかで勝負する厳しいものだとは判っていたものの、それにしても、違和感を抱いたものである。

その一方で、韓国と対峙する分断国家の北朝鮮は、際限なく美化されていった。どうして、こうした歪《ゆが》んだ形の報道がなされたかというと、その背景には、戦後の日本を覆《おお》っていた社会主義への憧憬に近い幻想があった。社会主義とか共産主義と聞くだけで、まるでパブロフの犬のように、条件反射的に反応してしまう進歩的文化人によって、日本の文化ジャーナリズムの世界が、そっくり乗っ取られているような状態だったのである。

韓国車について調べ始めた

普通の韓国として、私の目についた題材は、車だった。私は、車、バイクには目がないほうだから、韓国の車社会には初め違和感を抱いた。東南アジアを旅行すれば、日本車ばかりが日立つのだが、70年代ですら、韓国は、まったく日本車を見かけない国で、現代自動車が、ポニーという車種を販売したばかりだった。

なんどか、韓国へ連れて行った後、私は子供三人から思いがけない要求を突きつけられた。わが家のセカンドカーのフェアレディＺ２ｂｙ２を売って、現代ポニーを買ってくれと、口をそろえて言うのである。これには、びっくりした。折から日本は、スーパーカーのブームで、雑誌にはランボルギーニだの、フェラーリだのが紹介されている。トヨタ２０００ＧＴほどではないが、フェアレディＺも、日本を代表するスポーツカーである。車に目の肥えた日本の子供がこんなことを言い出すとは、思いも寄らなかった。

そこで、次に韓国へ行ったとき、調べてみた。地方取材のとき、一日貸切《テージョル》にしたタクシーをしばらく運転させてもらった。当時は、国際免許を取らなかったので、本当は違法だったろうが、韓国はこういうとき、いわゆる〈ケンチャナ〉文化のせいで、妙に融通の利く社会なのだ。ハンドルを握ってみると乗り心地は良くないものの、走る、曲がる、止まるという基本的な性能は悪くない。

そこで、ソウルへ戻ったとき、太平路《テピョンノ》の世宗《セジョン》文化会館《ムナフェガン》の近くにあった現代自動車《ヒョンデチャドンチャ》のショールームへ行ってみた。係員は、こちらの日本訛りの韓国語でも、もしかしたらソウル在住の日本人と思ったのか、丁重に熱心に応対してくれた。国産車という点を強調したのは、例によって〈日本隠し〉なのだが、かならずしも悪い印象は受けなかった。自動車先進国の日本への対抗意識が過剰に出たというだけの話で、当時の韓国人には、ある種の気概があったからだ。

カタログを貰って帰り、自分なりに調べてみた。流麗なファストバック・スタイルのデザインは、うちの子供たちが、ほれこんだのも判るくらい美しくユニークである。それも当然と言うべきか、なんと数々のスーパーカーのデザインで有名なジョルジエット・ジウジアーロのイタルデザイン社に依頼したものだと判った。現在、日本車まがいのデザインを、臆面もなく市場に送り出している韓国メーカーだが、当時、貧しいなかで、デザインは奮発したのである。

エンジン技術は、三菱自動車から提供を受けたが、これには事情があった。1970年アメリカで、マスキー法が施行された。過酷とも言われ、達成不可能とも思われた排ガス規制法である。そのため、三菱は、新たなエンジンを開発することになり、これまでのエンジンのライセンスを、捨て値同様で、現代に渡したという。

それまで、新進自動車《シンジンチャドンチャ》という会社が、トヨタと提携して、コロナを現地生産したことがあるが、トヨタが手を引いた。部品の現地生産率を引き上げられたため、無理と判断したせいだと説明されたが、政界の有力者李厚洛《イフラク》氏が、噛んでいたため、度重なる賄賂の要求に、トヨタが嫌気を差したせいだとも噂された。

また、マツダは、起亜《キア》自動車と組んで、ワンボックスのボンゴワゴンを生産していたほか、のちに手を引くがファミリアをK D《ノックダウン》していた。現在でも、韓国では、ワンボックスワゴンをボンゴと呼び、普通名詞として使っている。

印象に残った車、現代ポニー

他の多くの業種でも同様だが、自動車生産に関しても、韓国は、大いに日本に負っているのだが、それを認めたくないため得意の〈日本隠し〉に走る。日本人は、恩着せがましくされることも、することも嫌うから、相手が察してくれるのを待つが、韓国相手ではこれがよくない。

韓国人は、日本人のように察してくれない。日本人は、とかく映画の寅さんのように、「それを言っちゃあ、おしめえよ」と考えるが、韓国人相手では「言わなきゃ、おしめえ」になる。韓国の発展に日本が果たした役割など、たえず、しつこいくらい言い立てないと、巧くいかないのだ。

当時、韓国の政府側は、モータリゼーションを望んでいなかった。北朝鮮と対峙するという緊張状態にあったから、地上に可燃物である車が氾濫することを、嫌ったからだ。現在もソウルには、歩道橋はほとんどない。万一、攻撃を受けて歩道橋が崩れれば、道路が塞がれ、交通が麻痺するからだ。しかし、乏しい外貨を割いて、必要最小限の車ですら輸入するのは難しくなり、せめてタクシーだけでも国産で賄おうという方針に変わった。

現代ポニーは、その期待に応《こた》えて登場したのである。ファストバック・スタイルのトランクは、外からは狭く見えるが、後席の下まで入りこんでいるので、私の一家も、大型スーツケースを入れてもらえた。ステアリングは、遊びが少なく、まるでゴーカートのようだが、マニアに言わせれば、スポーツカーのようなフィーリングだと感じるだろう。サスペンションが硬すぎるのは、道路状態が良くなかったことに合わせたものだ。当時の日本の同クラスのサニー、カローラなどが、ファミリーカー志向から、乗り心地を重視していたのと比べると、荒削りで欠陥品に近かった。

ただ、車というのは、いわばイメージ商品だから、デザインが肝心である。うちの子供たちが、飛びついたのも、わからないでもない。

私は、現代自動車のショールームへ日参して、あれこれ話を聞いたあげく、日本へ輸入できるかどうか訊いてみた。三菱との契約があって対日輸出はできないのかと思ったが、日本の排ガス規制をクリアできないという答えが戻ってきた。日本でも、難しい規制だった。

わが家のメインカーのセドリックを買い換えようと思い立ったとき、試乗して断念したことがある。その一時期だけのことだったが、規制をクリアしたものの、馬力が落ちてしまい、ユーザーとしては不満が残ったからだった。日本のメーカーですら、馬力を犠牲にして、やっとクリアできた規制である。スタートしたばかりの韓国メーカーには、不可能な規制だったのだ。

子供たちの願いを叶えることはできなかったが、現代ポニーは、大いに印象に残った。デザインだけでも、充分商品性がある。韓国がモータリゼーションの入り口に差し掛かっていることを実感させられた。

自動車輸出大国になるとの予測が的中した

海水浴場ばかりでなく、ふつうの韓国を紹介するため、車事情なども書いてみたくなった。私は、自分で言うのも変だが、当時は、カー、バイクのマニアとして、文壇では知られていた。そのころ、徳大寺有恒《とくだいじありつね》氏が、謎の覆面評論家としてデビューされたとき、さるメディアは、あれは私の偽名ではないかと、問い合わせてきたくらいだ。こちらは、本業は小説家だから、たまたま自動車評論のような原稿を書くことがあっても、偽名にする必要はないと答えたものだった。

これには、裏話がある。実は、私は、徳大寺有恒氏が杉江博愛《すぎえひろやす》という本名で男性誌の編集者だったころ、お目にかかり名刺をさしあげたことがある。ここからは推測だが、そのことが記憶にあり、有恒というペンネームを使われるようになったのではないだろうか。

当時、韓国が自動車輸出国になると予測した人間は、私以外にいなかった。SF作家としては、予測が的中したと誇っていいだろう。すでに朴正煕大統領（現大統領の父親）は、日韓基本条約の三年後の1968年、日本からの円借款で、京釜高速を開通させていた。モータリゼーションの萌芽すらなかった時代のことだ。高速道路は、まさに先見の明の産物だった。また朴大統領は、釜山に近い古里原発を1971年に着工し、77年に竣工させている。これまた、現在の韓国原子力を先取りした快挙だった。国産車、高速道路、原発、これら三つについても、私は、何か書きたくなった。

現在の韓国で、不思議なことがある。親孝行が、儒教の教えから、孝行――単に孝を行なうだけではだめで、孝道と言われる孝の道という域にまで高められている韓国で、現在の朴槿恵大統領が、史実を歪めてまで、父親の偉大とも言える業績を否定していることである。

朴正煕大統領に、旧日本軍の軍歴があるからといっても、たとえ野党の追及があったにせよ、これほどの親不孝はないだろう。わずか数十年しか遡らない過去ですら、歪められている。朴正煕大統領は、親日というより、むしろ活日（日本を活かす）、あるいは用日（日本を用いる）と言うべき人で、巧みに人脈を作りあげ、日本から援助を引き出すという政策を確立した。

私ごとだが、島根県立大学で教えていたころ、島根県と慶尚北道《キヨンサンプクト》が、姉妹提携していた縁で、学生を引率して、慶北大学校《キヨンブクテーハッキヨ》に滞在したことがある。学生数二万以上というマンモスキャンパスだが、日本でいう学芸学部、師範大学《サボンテーハク》では、本学部出身の偉人として、朴正熙大統領の胸像のレリーフが飾ってあった。

朴正熙大統領は、慶北大学校《キヨンブクテーハッキヨ》の前身である大邱《たいきゅう》師範を卒業して、一時は教員を務めていた。あらためて士官学校に入学するが、もともとの職業軍人ではなかったから、日本を利用して経済建設を進める構想にいたったのだろう。その後の歴代政権が、この方針を踏襲して、日本からの援助を国造りに活用したのだから、日本人から見れば腹立たしい存在だが、韓国人はむしろ感謝すべきだろう。娘の朴槿恵大統領としては、野党から親日派の烙印を押された際、開き直って父親を弁護すべきだった。

第十章

『韓国の挑戦』を執筆

キムチにはまったわが家

そのころ、自宅へ来てくれる韓国語の先生も、代替わりしていた。初めの李喜烈《イヒヨル》さんは洋裁学校を卒業し、帰国して実業家と結婚した。二代目は男性で金栄来《キムヨンネー》さんといって、早稲田大学で金融論を学ぶ院生で、鳥羽欽一郎先生の愛《まな》弟子だった。戦後初の国費留学生として早稲田を卒業し、博士論文を執筆するため、夫人同伴で再来日していた。剛直な愛国者で、私とは何度も議論になったが、自分が教えている学生には、一度も日本人の悪口を言ったことがないというのが、口癖のような自慢だった。

金栄来《キムヨンネー》さんは、のちに故郷の忠清北道《チュンチョンブクド》の清洲《チョンジュ》で、忠北大学校《チュンブクテーハッキョ》の学部長になる。

この金さん夫妻から学んだものにキムチがある。夫婦ともに生粋《きっすい》の日本人の家庭で、70年代からずっと毎年キムチを漬けている例はほかにはないだろう。うちの家内も、そのうち簡単な買い物程度は韓国語でできるようになった。

わが家のキムチは、金家の清洲《チョンジュ》風の製法を、気候の異なる日本式にアレンジしたもので、本格的である。白菜五十株を、家内の知人の女性を動員して一日がかりで漬けこむのが、毎年の年末恒例行事と化している。

三代目の先生は、やはり早稲田へ留学していた韓美卿《ハンミギョン》さんという女性で、韓国外大の日本語学科を卒業して、江戸文学を専攻するため日本へやってきた。彼女は完璧なバイリンガルで、日本語を話すときは日本人とまったく変わらなかった。

戦後の韓国人では、どんなに達者な人でもどこかに韓国訛りが残るのだが、この韓さんは、私の前で日本語を間違えたことはたった一度しかなかった。正札《しょうふだ》を〈せいさつ〉と読んでしまった。訂正してあげると、さすがの日本語のプロも、音と訓のある日本語の漢字発音を、あらためて難しいものだと思ったと、慨嘆していた。ちなみに、この正札だが、日本語の重箱読みを韓国音に読み替えて、〈チョンチャル〉として、現在もふつうに使われているが、例の〈日本隠し〉のせいで、もともと日本語だったとは日本統治時代を知る人しか知らない。

この韓さんは、韓国のKBS放送で、日本語講座を担当するなどし、のちに韓国日本語学会の会長となる。

このころになると、韓国語についても、なにやら雑文のような原稿を書き散らした記憶がある。英語の三分の一の手間暇《てまひま》で上達できるなどと煽《あお》ったこともあるが、ひとえに、日本人に普通の韓国を知ってもらいたかったからだ。

私が韓国に対してお返しできたことの一つ

当時さるシンポジウムで同席した縁から、目をかけていただいた碩学に、東国大学《トングクテーハク》の金思燁《キムサヨプ》先生がおられる。金先生は、1912年生まれで、まさに日本統治時代に育たれ、京城《けいじょう》帝国大学（現ソウル大学）を卒業されている。東国大学に日本学研究所を設立し、初代の所長を務められた。韓国の日本研究の第一人者で、日韓両国語を駆使して『古事記』『万葉集』を韓国語に、『三国史記《サムグクサギ》』『三国遺事《サムグンニュサ》』を日本語に訳されている。

新羅、百済、高句麗の歴史を記録した『三国史記』は、日本の『日本書紀』に相当する。また『三国遺事』のほうは、仏教説話などにも比重を割《さ》いているから、『古事記』プラス『日本霊異記』『今昔物語集』のようなものだと考えると理解しやすい。先生の訳された『三国史記《サムグクサギ》』『三国遺事《サムグンニュサ》』は、原典の漢文も併記してあるので、今も重宝させていただいている。

金先生から招かれて、東国大学で講演したこともある。韓国語で始めたのだが、途中でつかえたところで、見かねて助け舟を出してくださった。以後は、日本語で先生の通訳に頼ることになってしまった。ともあれ私は、先生の恩義に報《むく》いるため、東国大学には、毎年、文庫本の百冊セットを著者買い上げで割引してもらい、ずっと贈り続けた。

これには、理由があった。私が通うようになってからも、すでに韓国の日本語人口の減少が目立ち始めていた。日本世代が死去されたり、現場から離れたりされたからだが、ある一国に、一定の比率で日本語に堪能な層が存在することは、日本の国益にもつながる。そのメリットが失われつつあることに、ある種の危機感を感じないわけにはいかなかった。韓国の新しいエリートはアメリカ留学の体験を持ち、日本に関して、特段の知識も思い入れもない世代が多くなっていた。

そこでせめて、私にできることとして、日本語の教材のため、角川書店の協力を得て、文庫本の百冊セットを贈りはじめたのである。他にも知己《ちき》ができた二、三の大学にも、文庫本を贈った。私の努力が、どれほど役に立ったか知らないが、金先生は東国大学の日本学研究所の名で、私を表彰してくださった。

韓国の日本語人口の減少を食い止めようと、いわば空《むな》しい努力をする一方、私は、本当の韓国を日本人に知ってもらいたいとも、真剣に考えはじめていた。そのため、かなり準備もしてきた。

70年代、私は、出版社に渡りをつけようとしたが、そのころ文庫で世話になった各社からは、冷ややかな返事しか戻ってこなかった。韓国の独裁政権を糾弾する本なら売れるだろうが、韓国を肯定的に捉えた本など売れるわけがない。そんなものを書く暇があったら、SF小説の次回作を早く書いてくれと露骨に言われる始末だった。

各社の編集者が、そういう態度だったのも、当時の世相を考えれば、むしろ当然と言うべきだった。岩波書店の『韓国からの通信』（T・K生）は、72年に刊行されて以来、続編もふくめて80年代にいたるまで、ロングセラーになっていた。朴政権の独裁政治と、それに抵抗する韓国人民という図式をオーバーに書き連ねた本で、いわば疑似イベントそのもののような商品だった。

私も、岩波書店には、『続日本紀《しょくにほんぎ》』など、多くの専門書で、お世話になっている。

ああいう扇動的な本で稼いでおいて、その儲けを売れそうにない学術書に注《つ》ぎ込んでいるとすれば、そういう商法も許されるのかもしれない。

のちに池明観《チミョングァン》氏が、Ｔ・Ｋ生という偽名の影の著者だったとカミングアウトした。実は私も、池氏とは一度だけ会食したことがあるが、韓流歴史ドラマによく出てくる無責任な書斎人のような印象を受けたものである。上から目線で空理空論を弄《もてあそ》びながら、時の政権を弾劾するだけで、なんら対案を示せない存在なのだろう。

韓国についての本を書くことができた

実は、このころ、共産圏に強い友人で、ロシアＳＦ翻訳家の深見弾さんを通じて、北朝鮮へ行けるように、働きかけていただいた。韓国だけ見て、一方的に南北を比較するのは、不公平だと考えたからだ。こちらは、一介の小説家にすぎないが、べつだん韓国に義理があるわけではないから、見せてもらった上で、北朝鮮に関して、良い点、誤解していた点があれば、遠慮なく書くつもりだった。

当時、北朝鮮は、一般の取材や観光旅行を認めていなかったから、太鼓叩きの提灯《ちょうちん》記事を書きそうな、そっち系の文化人を、招待というかたちで入国させるだけだった。どこかの訪朝団にもぐりこんで、北朝鮮へ行くという方針で、深見さんが渡りをつけようとしたのだが、巧くいかないという返事が戻ってきた。もしかしたら、わたしの名は、親韓派としてブラックリストに載っていたのかもしれない。

ともあれ、何年もかけて準備してきた『韓国の挑戦』の執筆に着手した。序章、日本を急迫する韓国経済。一章、偏見だらけの日本人の韓国観。二章、全産業にわたる日本への挑戦。三章、反面対決、反面建設、の韓国。四章、全体主義を嫌う国民性。五章、韓国の急成長は、日本にもプラス。といった章立てで、経済から国民性まで、本当の韓国を紹介しようと思って、書き始めた。経済から比較文化論のようなことまで、一冊の本に収めるのは、たいへんな作業だったが、これまで書かれていない韓国を、多くの日本人に知らせたかったから、総花《そうばな》的なノンフィクションにならざるをえなかった。

実は私は、『邪馬台国を見つけよう』（講談社刊）のような紀行文は書いたことがあるが、エッセイ集を除けば、ノンフィクションを書くのは初めてだった。その面では素人だから、ＳＦ小説では売り上げに貢献したはずの各社が、二の足を踏んだのも、いわば当然だったろう。

結局、当時、文庫を持たなかった、しかもそれほど貢献してきたとも思えない祥伝社で引き受けてもらえたのは、好運だったと言えるだろう。祥伝社は、光文社のカッパ・ブックスに次ぐ、ノンブックというノンフィクションのシリーズを持っているから、売れるかどうか危惧を覚えながらも新しい方向性を持った本になると期待してくれたわけだ。

特に北朝鮮との関係には、多くのページを割《さ》いた。韓国が国家予算の38パーセント以上という軍事費を計上しているのは、どれほど北朝鮮を恐れていたかの証拠で、現在と異なり、朝鮮戦争当時の北朝鮮軍による虐殺など記憶している世代が健在だったから、北朝鮮は一番嫌いな国のトップを占めていた。日本では、こうした事情を報道することは、例の大新聞が主導するタブーとなっていた。あの新聞が力を入れていた北朝鮮美化キャンペーンに抵触するからである。

前にも触れたが、自動車産業については、それなりに勉強したが、日本からの技術移転がほぼ完了した分野として、家電、造船なども紹介した。功を誇るようだが、これらの分野においても、韓国が日本の有力な競争相手《コンペティター》となった事実は、今さら言及するまでもないだろう。

ただ、最終章では、韓国の発展が日本にもプラスになるという未来を予想してみせた。戦後の日本経済のマイナスは、近くに水平貿易を行なえるような工業国が存在しなかった点である。当時、フランスはムービーカメラ、ドイツはスチールカメラというふうに、ほぼ同じジャンルの工業製品でも、いわば棲《す》み分けて水平貿易を行なっていた。こういう関係が築ければ、日韓の将来には明るい未来が来ると考えた。今思えば、SF作家なりに、たいていの予測は当たったものの、この点に関しては甘かったと言わざるをえない。

反響を呼んだ『韓国の挑戦』

その後、韓国経済の脅威が、叫ばれる時代が来る。話が先走るが、日本経済の強力なライバルとして、韓国の脅威を誇張するような本が氾濫する時期が来るのだが、こうしたトンデモ本のほとんどが、かつて独裁政権のもとで呻吟《しんぎん》する人民という疑似イベントを、売りまくっていた人々によって書かれている。独裁政権の下《もと》で、食うや食わずの生活を送っていたはずの人々が、日本の脅威になるほど経済力を伸長させられるものか、常識で考えてもわかるはずだが、そっち系の文化人は、そういう些細なことにはこだわらないらしい。商売になればいいという姿勢なのだろう。

当時、進歩的文化人と呼ばれる人々は、全員がハングルで名前だけ書けると言われたものである。自分の名をハングルで書いて見せるだけで、朝鮮問題（？）の権威ということになってしまう。また、マスコミの電話コメントなどでも、「独裁政権の最後のあがきです」などという空疎なコメントを出すだけで、いい稼ぎになったらしい。

その後も、そっち系の文化人との付き合いが絶えなかったが、あまりにも世渡りのお上手な人が多く、あきれさせられる場面を何度も経験している。直感にすぎないが、彼らと比べると右のほうの人は、真面目すぎて受けないような印象を受けることが少なくなかった。

こうした風潮に反発してもいたので、私は『韓国の挑戦』では、究極の独裁国家ともいえる北朝鮮と、制限つきながら民主主義国の韓国と、どちらを選ぶべきか、日本人に対して決断を求めたつもりだった。

発刊当初、あまり売れ行きはよくなかったらしい。しかし、三週目辺りから、週間のベストテンに入り、再版が決まり、売れ行きが伸びはじめた。やはり、日本の朝鮮半島に関する報道を薄々おかしいと感じはじめている人々が、少なからず存在したのである。

新顔のコリアウォッチャーが登場したのは、盲点だったらしい。読者の読後感も、編集部に寄せられた。印象に残っているものに、自動車産業に関する手紙があった。その業界の人らしく、丁重ではあったが、韓国の自動車産業が発展するわけがない、そこに書かれたことはすべて筆者の思い込みでしかないと、極言していた。

また、当然と言えば当然だが、朴正熙政権に買収されているに違いないという手紙もあった。これは、おそらく、そっち系の人なのだろう。厳しい言葉だったが、その人が、これまで奉じてきた価値観が揺らいでいるのが、感じ取れた。そっち系の人にしては、読んでいただけただけ、ましだろう。

当時ですら、あの大新聞の韓国・朝鮮に関する報道が、どこかおかしいと感じるようになる人が、右左を問わず少なからず出はじめていたのである。

最近、韓国を批判した拙著を、例の大新聞の息がかかっているらしい弁護士が、ヘイトスピーチと決めつけることがあった。これに対して、ネット人士から、あの本は韓国に同情しているもので、読んでいないことを白状したようなものだと、かえって批判されていた。

私なりに、難しい分野だという認識はあった。日本での大新聞の報道と、あまりにもかけ離れた事実を突きつけたつもりだから、こちらなりに慎重を期《き》した部分もある。初版では気づかなかったが、表紙裏に、韓国大使館から写真提供を受けたと、編集部のクレジットが入っていた。誤解されやすいテーマだから、私は、この本を書くため、いっさい韓国の大使館、広報施設とは接触していない。私が撮ったもので足りない写真などは、編集部が韓国の関係機関から提供を受けたのだが、そこが誤解の元になった。

朴正熙政権に買収されているなどという、事実ではない雑音が聞こえてきたのである。そこで、再版からは、「編集部が、提供を受けた」とクレジットを書きかえてもらった。

実際、私は、韓国の官辺《かんぺん》にいる人とは、会ったことがなかった。唯一の例外が、「東アジアの会」の会員だった洪さんとおっしゃる韓国公使の方だったが、それは何度か会ううちに判ったことで、日韓古代史という趣味を通して知りあっただけである。

ただ、韓国は、文人も政治志向が強い国である。日本に特派員としておられたとき、私と知りあった新聞記者の許文道《ホムンド》さんという方がいる。のちに帰国してから、時の政権の要人となっていると知った。訪韓したとき、連絡してみようとも思ったが、相手が出世したから接触したのだと、物欲しそうに思われるのも嫌なので、それっきりになってしまった。つい最近、訃報を聞いたばかりである。

日本でも、緒方竹虎《おがたたけとら》氏のように、新聞記者から政治家になった例がないわけではないが、韓国ほど多くはないだろう。

『韓国の挑戦』が出版されてから、半年ばかり経《た》ったときである。祥伝社に対して、ある韓国人から、ぜひ著者に会いたいという申し入れがあった。あの本を読んで感動したというので、断わる理由もなかったから、面会を承諾した。

このとき、お目にかかった方が、白斗鎮《ペクドゥジン》さんという、韓国の維新政友会《ユシンチョングフェ》の委員長を務めた韓国の政界の大立者で、私より三十歳も年長の品のいい紳士だった。

朴正熙政権が、この維新政友会《ユシンチョングフェ》を基盤としていることは、日本でも知られていた。日本では、もっぱら日本の明治維新を気取っているのだろうと、嘲笑気味に受け取られていたが、事実ではない。『三国遺事《サムグンニュサ》』の『駕洛国記《カラクッキ》』に始祖首露王《スロワン》が「家邦を維新し」と天から命じられたという記録があり、これに準拠したものだろう。

挨拶もそこそこに、突然、白斗鎮《ペクドゥジン》さんは、こう言われた。

「次の日本の総理大臣は、大平で決まりですな」

白斗鎮《ペクドゥジン》さんは、東京商大（現在の一橋大学）の出身で、大平正芳総理の先輩にあたるが、大平内閣の誕生は、その5カ月もあと、1978年の12月である。なぜ、あの時点でそう断言できたのか、今もって謎である。

『韓国の挑戦』の反響は大きく、思いがけない方に、お目にかかる機会を得た。李方子《りまさこ》さまから、人を介して会いたいという連絡をいただき、プリンスホテルの本館へ出向いた。李方子《イパンジャ》さまは、戦前、梨本宮《なしもとのみや》家から朝鮮王室の李垠《りぎん》殿下に嫁《とつ》がれ、戦後は殿下の死後も韓国に留《とど》まられ、旧王宮の片隅に楽善斎《らくぜんさい》という庵《いおり》を構え、韓国の福祉事業に後半生を捧げられた。プリンスホテルの本館は、朝鮮王家の邸宅だった歴史的な建物である。明治政府は、併合した朝鮮の王室を、日本の皇族と同じく、親王として遇《ぐう》したのである。この一事をもってしても、朝鮮が植民地などでなかったことが判る。

李方子さまは、拙著を読んでくださり、日韓親善に尽くしてほしいと仰《おつしや》った。やはり、日本での偏向報道に心を痛めておられた様子で、ごく普通の韓国を紹介した拙著をいたく気に入ってくださったようだった。

第十一章

韓国に、どう向き合うべきか

こういう対応は誤りである

やや旧聞に属するが、韓国に対する対応を誤った一例を挙げてみよう。ソウルの城《ソン》東《ドン》区《ク》で行なわれるはずの東北復興イベントが、中止に追い込まれたことがある。韓国側から、放射能の危険が、理由として表明された。対する日本側の対応は、例によって稚拙《ちせつ》だった。風評被害の払拭《ふっしょく》に努《つと》めるといったふうな穏やかなものにすぎなかった。また、残念だという日本の関係者の感想もメディアに寄せられた。これでは、日本の食品ばかりでなく、祭りに関わるすべての道具類すらも、放射能に汚染されていると認めたようなものだと、韓国側に受け取られかねない。

こういうケースでは、もし立場が逆なら韓国人は激怒する。日本人も、ありもしない放射能被害を捏造し、対日憎悪を煽りたて、未曾有《みぞう》の大災害から立ち直ろうとしているわが国の東北地方の人々を侮辱したとして、強硬に韓国への抗議の声を上げなければならない。しかも、そのことを放射線量の測定値まで示して、いかに韓国が日本に対して不当極まりないことをしているか、海外に発信すべきである。とげとげしいようだが、韓国人は自分の理屈しかない民族だから、こっちが声高《こわだか》に言い立てないかぎり、絶対に理解してくれない。ただでさえ韓国は、東北ばかりでなく、地震、津波、原発とは関係のない群馬県なども含めて、日本の九県からの食品輸入を禁じたままである。新たな反日ツールとして、放射能カードを与えたようなものだ。

主義主張だけが先走って、ものごとを検証しようとしない民族だから、放射能カードが有効なツールだと知ったからには、何度でも切り続けるだろう。日本人は事《こと》を荒立てるのを嫌うが、韓国ではいったん事を荒立てないと解決しないのである。日本人は、事を荒立てると、しこりが残ると考えがちだが、韓国ではむしろ、事を荒立てないと、しこりが残るのである。日本人も、強硬に自己の正当性を主張する発信力を磨かないと、韓国の対日非難、捏造には勝てない。

世界中にまき散らされた従軍慰安婦＝挺身隊という虚構捏造も、もともとは例の大新聞が仕掛けたにもしろ、事が荒立つのを恐れて、その時点で、韓国に対して、なんの手も打たなかったことが遠因となっている。それどころか、韓国の言い分を認めたような形で、いわゆる大人の対応をしてしまったことが、すべて今日の禍根《かこん》となっているのだ。

いわゆる従軍慰安婦に関する最終的合意は、２０１５年（平成27年）12月28日、日本の岸田文雄《きしだふみお》外務大臣と大韓民国の尹炳世《ユンビヨンセ》外交部長官による外相会談後に行なわれた共同記者発表で、決着したはずだった。しかも不可逆的という付帯条件も付けられていた。

しかし、岸田外相が「当時の軍の関与のもとに多数の女性の名誉と尊厳を深く傷つけた問題であり……」と認めた点など、私は、大いに疑問を持っていた。いつも同じことなのだが、韓国の顔を立てた形では、日韓の問題はぜったいに解決しないのである。かつて、それが解決したように見えたのは、韓国側に日本統治世代が健在で、日本式の肚芸、玉虫色などといった思考法を理解する人々がいたからである。

私は、危惧を抱いたため、ただちに書いた。２０１６年3月号（2月発売）の「新潮45」誌上で『どうせ韓国はまた必ず蒸し返す』と題して、最終的な合意なるものが必ず反故《ほご》にされることを予見した。はたして不幸にも私が危惧した通りで、未だに慰安婦像の撤去が行なわれないどころか、以前にも増して各地に設置される始末である。

事実を突きつけるしか解決の道はない

現在の韓国人は、朝鮮王朝時代へ先祖返りしてしまった。韓流歴史ドラマを観《み》れば容易に判ることだが、いったん握った相手の泣き所は、絶対に手放さない。これに対抗するためには、それが泣き所ではないと証明する以外に解決法は存在しないのだ。

なぜ、本当のことを、主張しないのだろうか。慰安婦なるものの実態は、日本軍を相手にした売春婦である。民間の業者が、軍の駐屯地の近くに店を構えていたケースが大半である。もちろん、女たちは娼婦《しょうふ》だが、多くは内地系の日本人で、朝鮮系の日本人は、それほど多くはなかった。娼婦になった事情はそれぞれ異なるが、日本政府、軍などにより強制された例は、一つも確認されていない。満州（現在の中国東北地区）で、関東軍（満州方面の日本軍）が、五十万人の兵士を動員して、大演習を行なった際には、絶好の商機と見てか、業者が大々的に娼婦を募集した記録がある。血気盛んな若い兵士が大勢いるのだから、それぞれの娼婦の稼ぎも莫大なものになったそうである。

朝鮮系の慰安婦で、最初にカミングアウトした金学順《キムハクスン》さんのケースでは、母親の再婚相手の朝鮮人に釜山の置き屋へ売られたというから悲惨な話だが、ここにいたるまで日本軍の関与などなかったことが最初の証言から得られている。ただ、例の大新聞は後になって、その経緯をわざと報道しなくなった。

軍の関与は、性病の検査や治療を業者から委託された場合に限られた。兵隊が病気になっては、戦争ができないからである。このことは、産婦人科医の天児都《あまこくに》氏が、軍医だった父親の麻生徹男《あそうてつお》氏の日記をもとにして、はっきりした証言を残している。

さらに事態を大きく悪化させたのは、その慰安婦と挺身隊を、同じものとして報道した植村隆《うえむらたかし》記者である。挺身隊は、勤労挺身隊、学徒挺身隊とも呼ばれるが、大戦末期になって労働力不足を補うため、中学生、女学生まで動員されたことを指すのだが、これも軍が強制したものではない。お国のためと信じて過酷な労働に耐えた時代相を抜きにして、今日的な価値観で非難しても真相は見えてこない。まして挺身隊は、売春婦などでは絶対にない。私の姉も、当時、女学生だったが、自転車に乗って近くの中島飛行機の工場へ通っていたのを覚えている。

植村記者は、目下、裁判で係争中だと言うが、なんと百人の弁護団が付いているそうである。私は、アメリカで有名になったO・J・シンプソン事件を思い出した。妻を殺害した容疑で逮捕されたシンプソンは、フットボールの名選手として有名な人物で、金にものを言わせて辣腕《らつわん》の弁護士を雇い入れ、なんと無罪を勝ち取ってしまったのだ。植村記者も、金と権力さえあれば、司法を左右できると考えているのかもしれない。

韓国に対して言うべきことも言わず、ひたすら首をすくめて事態が好転するのを辛抱強く待つというのは最悪の対応だと、日本人も知らないといけない。事実を突きつけるしか、解決法がないことを遅まきながら知るべきだろう。

韓国人の「三大ノー」

70年代の初めから、ずっと韓国と関わってきたが、韓国を知れば知るほど、日本とは対極にある異質性だけが浮かび上がってくる。これは、私一人の感想ではない。長年の友人ダレル・A・ジェンクス（故人）は、読み書きをはじめ日本語に堪能であり、韓国もふくめた世界各国のアメリカ公館に勤務した末、横浜の国務省日本語研修所の所長として、日本でキャリアを終えたのだが、日本語、韓国語の双方を理解していた。

ダレルに言わせれば、日本と韓国は、まったく異質だというのである。喜怒哀楽がはっきりしていて、物事を遠慮なく主張する韓国人は、表面上はアメリカ人にとって日本人より判りやすいという。ダレルのような知日派は、日本人の良さを理解していたが、通りいっぺんの付き合いしかないアメリカ人は、むしろ韓国人寄りになってしまうとも言っていた。

早い話が、日本人は、まずノーを口にしないが、韓国人の会話では、まずイエスよりノーが出てくる。韓国人の三大ノーというものがある。アニ（ノー、違う）、オプソ（ない）、アンデ（だめ、できない）。丁寧に言うときは、アニムニダ、オプスムニダ、アンデムニダと言う。日本人は、ノーを口にすると、相手を傷つけると考えるから、滅多に言わない。店などで望みの品がないときでも、ないとは答えない。「申し訳ありませんな、ちょっと切らしておりまして」などと言う。その品がないことは、べつだん店主の責任ではないが、こう答えることが日本人の美徳ともなっている。

70年代のいつごろか記憶にないが、高速バスで移動中に隣席の韓国人と知り合ったことがある。大邱《テグ》で絞り染めの工場を経営している人だと聞いた。私より3、4歳ほど年長の人で、そこそこ日本語を話す方だった。日本人との商売での、この方の経験が面白かったので、今も覚えている。

取引のある日本側から新たな取引を持ちかけられたが、その条件に該当する品を生産していない。そこで、そういう製品はないと答えると、それきり取引が止まってしまった。彼は、日本側から、該当する製品を作ってくれと言ってくるものと思い込んでいたという。しかし、梨《なし》のつぶてで、連絡がなくなってしまった。

思い余って、同じ業界の年長者に相談してみた、という。その日本世代の人は、こうアドバイスした。日本側が求める仕様の製品はないが、お求めとあらば、その仕様に従って生産できると先方へ伝えるべきだと教えられた。こちらから日本へ連絡してみると、先方も大乗り気で、あっさり契約に至ったという。

日本人は、にべもなく断わられると、まったく脈がないと思って、それ以上には話を進めない。韓国では、逆であって、頼む方が、もう一歩踏み込んでくる。そこで、この方は待っていたのだが、それが誤りだと知ったわけだ。

この例でも判るのだが、日韓では、一事が万事、ものごとが逆になっている。表面上、顔や習慣が似ているため、双方とも自分の文化が通用すると思いこんでしまうのだが、基本的なことが正反対なのだ。

かつてはいた〈すばらしい人《アルンダウン・サラム》〉

なんども繰り返すが、朝鮮半島は、二千年間に九百六十回も、異民族の侵略を受けている。そのため、ある意味で歪《ゆが》んだ民族性が、形成されてしまった。わずかでも、自分の権利、立場が侵害されたとなると、声高に被害を叫び立てる国民性も、こうした過酷な歴史の産物である。

まずノーを言うのも、やはり歴史の後遺症だろう。異民族を相手にして、うっかりイエスと言えば、殺されないまでも、さまざまな不利益を蒙《こうむ》ることになる。また、捏造でも虚言でもかまわないから、一時しのぎにもしろなにかを発信して、文化も言語も異なる異民族の魔手から生き延びるため、奇妙なコミュニケーション能力を発達させてきた。

こうした民族に対して、日本人も黙っていてはいけない。そのつど、相手の非をなじるなど、しかるべき攻撃を加えることが、逆説的ながら相互理解を進めることにつながる。

理解不能な日韓だが、かつては、今ほど根拠のない反日ではなかった。双方の間に、触媒、緩衝材、あるいは通訳にあたる世代が、存在したからである。先の絞り染め業者に、アドバイスしたという日本世代の年長者が、そうである。実際の日本統治を経験しているから、根拠のない反日には与《くみ》しない。70年代には、そうした世代から、日本人と見て、かえって懐かしがられる体験をしたものである。

私の個人的な体験でも、多くの年配者から、多くのことを学ぶ機会に恵まれた。金《キム》達寿《ダルス》さん、金三圭《キムサムギュ》さん、金思燁《キムサヨプ》先生など、韓国語で言う〈すばらしい人《アルンダウン・サラム》〉にお目にかかった。これを言えば、もし、ご存命なら、怒られるかもしれないが、あえて言わせてもらえば、みな日本統治時代に教育を受けられた方である。みなさん、日本統治時《イルボントンチシ》代《デー》とは表現しても、日常会話で日帝時代《イルジェシデー》などとは口にされなかった。相手の気持ちを忖度《そんたく》するという日本的な文化が、まだ生きている時代だったのだ。実際、韓国を旅行していて、日本人だからといって厭《いや》な目に遭わされたことは、一度もない。名所旧跡などで、こちらを日本人と見て、清正が焼いたなどと非難されるという話は、ものの本で読んだことがあるだけで、実際にそう言われたことはない。

　こうした知日世代が、物故されたり、社会の現場から引退されたりしたのち、韓国はおかしくなったのである。ありもしない嫌疑をでっち上げたり、些細な瑕疵《かし》を針小棒大に言い立てて、相手を断罪する場面は、韓流歴史ドラマで、すっかりお馴染みだが、今の韓国は、さながら李朝時代へタイムスリップしたかのような先祖返り(atavism)に陥っている。日本世代が、いなくなるとともに、韓国の反日は、実際の日本および日本人に対してではなく、かれらがバーチャルに組み立てた仮想現実の日本および日本人に対するものに代わっていった。実際に相手の罪を検証することなく、一方的に謀叛人や悪逆非道な人物に仕立て上げ断罪する、まさに韓流歴史ドラマの定石どおりである。

あの大新聞の購読をついにやめた

この稿では、70年代の日韓関係と、私の関わりについて、述べてきたつもりだが、そろそろ締めくくらなければならない。

79年は、大きな転機となった。あの朴正熙《パクチョンヒ》大統領が、部下に暗殺されてしまったのである。このとき、大統領の死は、しばらく伏せられた。この機《き》とばかりに、北朝鮮が軍事行動に出るのではないかと危惧されたからである。

朴大統領は、古里《コリ》原子力発電所、京釜《キョンブ》高速道路などを造る先見の明を示し、高度成長を実現させた人物である。日本では、独裁者扱いされて、評判が良くなかったが、いわば韓国中興の祖として、発展の礎《いしずえ》となったのである。多くのマスコミが、独裁者の死によって、韓国が大混乱に陥ると予想したものの、朴大統領が言う韓国式民主主義が機能し、皮肉にも大きな混乱は生じなかった。

この年、韓国とは直接は関係のない出来事だが、中越戦争が起こった。ベトナムと中国との間で、戦争が起こったのである。それ以前、韓国は、米軍とともにベトナムに派兵した。白馬《ペンマ》師団、猛虎《メンホ》師団の残虐性が、今や明らかになり、韓国の従軍慰安婦として、多くのベトナム女性が悲運に泣かされ、サイゴン陥落により米韓軍が撤退したのち置き去りにされた。そのわずか四年後である。

中越戦争は、大々的に報じられた。このとき、NHKで取り上げられた番組で、中ソを専門とする高名な政治学者のK教授が、コメンテーターを務めた。Kは、いわゆる進歩的文化人の代表で、大きな影響力を持つ人物として、広く知れわたっていた。韓国の独裁政権(?)についても、発言しているが、Kは、中越戦争に関して、おおよそ、こういう解説を行なった。社会主義国は、市場の拡大を求めないから、資本主義国と異なり、戦争をしない。しかるに、同じ社会主義国である中国とベトナムのあいだで戦争が起こるという、ありえない事態が発生してしまった。

Kは学者だから、物知りで、いろいろな文献の引用のようなことを、話し続けるのだが、言えば言うほど、実際の状況とは乖離してくる。ありえないと言ってみても、現に中国とベトナムが、戦争をしているのだ。

はっきり言って、Kの解説は、下手なお笑いより、はるかに面白かった。私は、なんども肚《はら》を抱えて笑いこけた。本人が、大真面目なだけに、おかしいのである。大笑いしたあと、私は、目が覚めたような思いをした。これまで、多くの進歩的文化人と付き合ってきたが、ようやく、かれらの正体が判ってきた。受験勉強のノリで、多くの知識を有しているものの、自分の考えを持たない秀才のなれの果てなのである。私も、受験勉強に溺《おぼ》れて人生を誤ったことがあるから、よく判る。かれらは、マルクス主義を暗記して、すべての事象を、マルクス主義の物差しでしか計れない。70年代の日本のマスコミは、このKに代表されるような頭の悪い人間に、乗っ取られていたようなものだった。

戦後の日本を徘徊してきたマルクス主義という妖怪の終焉《しゅうえん》を感じたのは、私だけではなかった。さる席で、この番組が話題となり、やはり視ていたという人が、私と同じ感想を漏らしたものである。その意味では、Kは、日本の言論界を支配していたマルクス主義が、張りぼてにすぎなかったことを、自ら立証してくれた最大の功労者と言えるかもしれない。80年代に入ると、もはや北朝鮮＝地上の楽園という疑似イベントは、売り物にならなくなった。

あの大新聞が、次なる反日テーマを引っさげて攻勢に出るには、1991年を待たなければならない。未だに国際的な汚点となったままの、例の従軍慰安婦問題だが、70年代には、その兆《きざ》しも存在しなかった。吉田某が有名になりたいがために偽証した済州島女狩りのような事実が、仮に実在したとすれば、反日で口うるさい韓国人が、それ以前に口にしていないはずはない。

例の大新聞だが、私は、父の代から、１９８４年まで、ずっと購読してきた。私とは意見が異なることはあっても、批判勢力として存在価値を認めていたからだ。したがって、多くの不信感を抱きながらも、購読を中止することはなかった。

しかし、１９８４年の新聞週間に、この巨大な権力を持つ新聞は、こう公言した。すでに偏向報道に関してあちこちから批判が噴出していたが、それに対して開き直ったのである。おおよそ、こういう趣旨だった。建設的な批判には答えるが、ためにする批判には反撃するといった主張を、前面に押し出した。一見、反省しているように見せかけるのは、この巨大新聞の常套手段だが、何が建設的な批判で、何がためにする批判か、決めるのはこの新聞だから、反対は許さないと宣言したに等しい。

われわれＳＦ作家としては、折しも１９８４年、あのジョージ・オーウェルの名作

『1984年』を連想せざるをえない。これは、とてつもなく恐ろしいことの前触れだと感じたから、私は、ただちに購読をやめた。

反日中毒に陥っているのではないだろうか

マスコミは、しばしば無冠の帝王だと言われる。しかし、この帝王は、気まぐれだから、ときどき冠《かんむり》を欲しがることがある。戦前、この巨大な権力は、白馬に跨《またが》る大元帥陛下を演出し、ナチスドイツとの同盟を推進し、日本を破滅に導くため一役買ったことがある。多くの国民が、この帝王の報道を信じてそれに付いていった。全国民が、こぞってその報道を信じるという状態は、マスコミにとって至上の法悦境《エクスタシー》にちがいない。それによって、日本がどうなろうと、この新聞の関心事ではないのだろう。

私は、この大新聞の目指す未来を、垣間《かいま》見た気がした。前にも触れたが、この新聞の恐ろしさを知ってもらうため、もう一度書いておこう。この新聞は、一億国民がこの帝王の赤子《せきし》(帝王の臣民)となって、その大御稜威《おおみいつ》(帝王の権威)のもとに跪《ひざまず》く未来を志向しているに違いない。オーウェルが描く『1984年』の作品中の「真理省」のような役割を果たしたいのだろう。

連載の最後に、韓国の反日の変質について、触れておきたい。かつて反日は、国民のカタルシスのようなもので、その突き上げによって、政府が重い腰を上げて、日本に要求を迫るといった形で展開された。しかし、朴政権になってから、政府自ら反日を煽っている。そのため、これまで形の上で済んでいた反日が、本気度を増しているのだ。

現在の韓国は、言ってみれば反日中毒に陥っているようなものだ。反日が切れると、禁断症状が起こるから、前よりいっそうの強力な反日を処方しなければ、収まりがつかなくなる。こうして、韓国の反日がエスカレートしていく。

次なる大統領候補のひとり李在明《イジェミョン》城南《ソンナム》市長は、北朝鮮と組んで日本と一戦まじえるべきとまで主張している。とても正気《しょうき》の沙汰《さた》とは思えないが、これが李一人の考えでないところが恐ろしい。韓国には、日本との戦争を望む勢力が少なからず存在する。

多くの日本人は、知らないか、あるいは知らされていないが、韓国は対日戦に備えた軍備拡張に走りはじめているのだ。

通常兵力では、韓国は北朝鮮を圧倒している。航空戦力では、北朝鮮の旧式なミグ21戦闘機は、韓国空軍のF－16ファイティングファルコン戦闘機にかかっては、蠅のように叩き落されるだろう。また、複合装甲にもなっていない北の旧式戦車は、韓国軍戦車の射撃管制装置による砲撃で、あっという間《ま》に壊滅するだろう。北が、ミサイル、核、特殊部隊、サイバー部隊に頼るのは、圧倒的な軍事力の差を認めているからだが、韓国は対北という作戦では、十分すぎるくらいの戦力を、今、あえて増強しつつある。戦車の主砲を、これまでの105ミリから、120ミリに換装している。105ミリ砲で破壊できない戦車は北にはないのだが、あえて携行弾数《けいこうだんすう》が減る不利を覚悟で、より口径の大きな主砲に換えたのは、日本の90式、10式など重装甲の戦車と戦うことを想定したものである。

航空自衛隊のF－15は初期型で、当時はアメリカ以外では、イスラエルに数機あるだけという最新兵器で、東アジアでは無敵だったが、電子兵装を換えたくらいで、今や中国のスホーイ戦闘機にも及ばないほど、旧式化している。1月30日、空自のF－

15が離陸しようとした際、前輪のタイヤが外《はず》れるという故障を起こしている。老朽化のせいでなければいいのだが。

韓国空軍は、従来のF－16に加えて、最新鋭モデルのF－15戦闘機の採用にふみきった。同じF－15ながら最新鋭モデルで、航空自衛隊を圧倒しようとしているのだ。北の挑発で、韓国の対日戦の準備が、やや後退していた時期もあったが、朴槿恵政権が死《し》に体《たい》となった今、北朝鮮は挑発を手控えて韓国内の親北派の台頭を待っている状態だった。

次なる大統領候補は、いずれも対北政策より反日に優先順位《プライオリティー》を置き、さながら反日を競い合っているようなありさまである。現在もっとも支持率を集めている候補に、2012年の選挙で、朴槿恵《パククネ》現大統領に僅差《きんさ》で敗れた文在寅《ムンジェイン》氏がいる。文氏は、かつて盧武鉉《ノムヒョン》大統領の片腕として当時の左翼政権を支え、北朝鮮に対する太陽政策を推進した人物である。学生時代には、朴正熙政権に反対して過激なデモに参加し、逮捕された経歴もある。韓国の左翼人脈では、こうした逮捕歴は、いわば勲章のようなもので、逆に人気の源ともなっている。

ただ、この世代は、学生運動が過激化していった時期であり、先に説明したように運動圏《ウンドンクオン》と呼ばれた学生グループの中には、日本から持ち込まれた金日成の著作を密《ひそ》かに回覧し、北の思想に染まった主思派《チュサパ》とされる人々が少なくない。文氏は、徴兵制のある韓国で軍役に服したのち、復学して司法試験に合格した後、盧武鉉氏と知り合い、弁護士として行動を共《とも》にしたという経歴である。私の韓国語の先生を務めたことのある金栄来《キムヨンネー》忠北大学教授によると、兵役の期間（二年間）が、韓国の男性の人生で大きな影響を持つという。つまり、そこで、甘っちょろい正義感が通用しないと達観するかどうかが、分かれ目になるらしい。

文在寅氏の場合、社会派の弁護士として活躍した時期に、盧武鉉氏と知り合ったから、たぶん正義感に溢れた人なのだろう。先に紹介した李在明《イジェミョン》城南市長ほど過激でないとしても、もし当選すれば反日がさらに加速するにちがいない。

野党（共に民主党）の忠清南道知事・安熙正《アンヒジョン》氏の支持率が急上昇。ダークホースとなっている。

また、野党のリーダーとして、なんども評判になった安哲秀《アンチョルス》氏の存在も無視できない。もともとはソウル大医学部を卒業した医師だが、IT企業を起こし、そのトップに坐った。マスコミでは、しばしば韓国のビル・ゲイツ、あるいは韓国のサンダースなどと呼ばれた。ソウル市長選でも、立候補が取り沙汰されたが、先の大統領選でも、文氏に候補を一本化するため出馬を辞退したものの、のちに袂《たもと》を分かち、新党結成に走った。医学生だったころ、九州大への留学経験もあり、過激な反日派ではないと目《もく》されているが、反日が国是《こくぜ》となっている現在の韓国では当てにはなるまい。

現政権側では、大統領の職務代行を務める黄《ファンギョアン》教安国務総理しか、しかるべき候補が見当たらないが、一般人気には欠ける恨みがある。検事長という経歴から、峻厳《しゅんげん》な人物像だけが独《ひと》り歩きしているような状態で、他の候補に優《まさ》る魅力に乏しい。

一方、死に体のはずの朴槿恵大統領だが、委員会は大統領への直接尋問をあきらめたようである。これをもって捜査は幕引きとなるらしい。このあたりが、韓国政治の判りにくい点なのだが、事件発覚の直後には、一方的に弾劾《だんがい》派が多かったが、現在は年配層のデモ参加も増えて、勢力は拮抗《きっこう》している。とうとう朴槿恵大統領の弾劾が成立し、辞職が決定的になった。60日以内に次の大統領が選出される予定である。

対する北朝鮮だが、アメリカ大統領選挙の結果、韓国大統領訴追の経緯を眺めながら、挑発を手控えてきた。しかし、アメリカ大統領選が終わり、韓国の混乱が激化し、ここらで手を打つ必要に迫られた。こうして、ミサイル発射に踏み切ったのだが、さらに世界が予想しなかった挙に出た。金正恩の異母兄金正男《キムジョンナム》を殺害したのである。

私見だが、この事件の波紋は、北朝鮮の誤算らしい。犯罪心理学者が、しばしば説明することだが、綿密に練った犯罪ほど、ボロを出しやすいという。実行犯には、ベトナム、インドネシアの女を用い、日本のテレビのいたずら番組だと言いつくろえば、たいした罪にはならないと言い含めておいたに違いない。その場合、北朝鮮は表面に出ないのだから、いわば完全犯罪で、韓国の仕業に見せかけることも可能だと、考えた上でのことだろう。しかし、北朝鮮にない監視カメラというハイテクの前では、実行犯の背景も、明るみに出てしまった。しかも、かれら北朝鮮エージェントの動きも氏名も、筒抜けになってしまった。このことで、北朝鮮が、どれほど狼狽《ろうばい》したかは、北の駐マレーシア大使の言動からも、はっきり読みとれる。

大使は、自由主義国の実情に疎《うと》い本国の指令で、もみ消しに回るはずだった。しかし、これほど明白な犯行の証拠が出てしまっては、どうあがいても無理な話である。それでも、必死に抗弁する。とうてい言い逃れることはできない状況だが、もみ消しに成功しなければ、今度は自分が断罪されるのである。大使も命がけなのだ。

かつて朝日新聞が、『地上の楽園』のごとく褒《ほ》めそやした北朝鮮の実情が、まさに現われた事件だった。私が韓国へ通い始めた70年代には、北朝鮮も良い国だったと、言いつくろうかもしれない。しかし、当時の金日成主席も、多くの反対派ばかりでなく、ロシア、中国の受け皿になりそうな同志を、数多く殺害している。朝日新聞は、こうしたことには目をつぶったのだ。息子の金正日も、従兄《いとこ》をはじめ多くの人々を殺したばかりでなく、農業政策の失敗から、数百万人の同胞を餓死させてしまった。金正恩の暴挙もその延長線上にあり、さらに凶暴な形に変わっている。

やがて、事《こと》の真相は、明らかになるだろう。

日韓関係に話を戻し、そろそろ締めくくらなければならない。日本では、韓国に関わるな、という声が日増しに強まっている。だが、なにもしなければ、日本の名誉は、世界的にも泥まみれにされる。韓国は、自分の主義主張を強制するための罵詈雑《ばりぞう》言《ごん》が得意なだけあって、相手に論拠を示して議論する習慣がない国である。かつて、韓国の反日は、いわば日本への甘えのような可愛らしい部分も、ないではなかったが、いつしか憎悪にすり替わってしまった。日本としても、そのつど相手を罵倒するくらいのつもりで、臨まなければならない。

われわれ日本人も、悲しいことだが、親北派の左翼政権が誕生して対日憎悪を煽り、軍部が呼応するという事態を、ひとまず想定しておくべきだろう。さもないと、北朝鮮や中国に気を取られている隙《すき》に、友好国と信じた韓国の手で亡国の悲運を迎えることになりかねない。

切りとり線

★読者のみなさまにお願い

この本をお読みになって、どんな感想をお持ちでしょうか。祥伝社のホームページから書評をお送りいただけたら、ありがたく存じます。今後の企画の参考にさせていただきます。また、次ページの原稿用紙を切り取り、左記まで郵送していただいても結構です。

お寄せいただいた書評は、ご了解のうえ新聞・雑誌などを通じて紹介させていただくこともあります。採用の場合は、特製図書カードを差しあげます。

なお、ご記入いただいたお名前、ご住所、ご連絡先等は、書評紹介の事前了解、謝礼のお届け以外の目的で利用することはありません。また、それらの情報を6カ月を越えて保管することもありません。

〒101-8701（お手紙は郵便番号だけで届きます）
祥伝社新書編集部
電話03（3265）2310
祥伝社ホームページ　http://www.shodensha.co.jp/bookreview/

★本書の購入動機（新聞名か雑誌名、あるいは○をつけてください）

＿＿＿新聞の広告を見て	＿＿＿誌の広告を見て	＿＿＿新聞の書評を見て	＿＿＿誌の書評を見て	書店で見かけて	知人のすすめで

★100字書評……韓国は、いつから卑《いや》しい国になったのか

名前

住所

年齢

職業

豊田有恒　とよた・ありつね

1938年、群馬県生まれ。島根県立大学名誉教授。若くしてSF小説界にデビュー。歴史小説や社会評論など幅広い分野で執筆活動を続ける一方、古代日本史を東アジアの流れのなかに位置づける言説を展開する。数多くの小説作品の他、ノンフィクション作品に『韓国の挑戦』『騎馬民族の思想』などがあり、祥伝社新書に『どうする東アジア　聖徳太子に学ぶ外交』『世界史の中の銀山』『韓国が漢字を復活できない理由』『本当は怖い韓国の歴史』などがある。

韓国《かんこく》は、いつから卑《いや》しい国《くに》になったのか

豊田有恒《とよたありつね》

2017年4月10日　初版第1刷発行

発行者……………辻 浩明
発行所……………祥伝社《しょうでんしゃ》
〒101-8701　東京都千代田区神田神保町3-3
電話　03(3265)2081(販売部)
電話　03(3265)2310(編集部)
電話　03(3265)3622(業務部)
ホームページ　http://www.shodensha.co.jp/

装丁者……………盛川和洋
印刷所……………堀内印刷
製本所……………ナショナル製本

Printed in Japan　ISBN978-4-396-11502-9　C0222

〈祥伝社新書〉
本当の「心」と向き合う本

076
早朝坐禅
凛《りん》とした生活のすすめ
坐禅、散歩、姿勢、呼吸……のある生活。人生を深める「身体作法」入門！
宗教学者
山折哲雄

183
般若心経入門
276文字が語る人生の知恵
永遠の名著、新装版。いま見つめなおすべき「色即是空」のこころ
松原泰道

197
釈尊のことば 法句経《ほっくきょう》入門
生前の釈尊のことばを423編のやさしい詩句にまとめた入門書を解説
松原泰道

204
観音経入門
悩み深き人のために
安らぎの心を与える「慈悲」の経典をやさしく解説
松原泰道

209
法華経《ほけきょう》入門
七つの比喩にこめられた真実
三界《さんがい》は安きこと、なお火宅の如し。法華経全28品《ほん》の膨大な経典の中から、エッセンスを抽出。
松原泰道